体育科授業サポートBOOKS

技の指導のコツがすべてわかる！

器械運動
完ペキ指導ガイド

白石 豊・吉田貴史 [著]

明治図書

●●● はじめに ●●●

　今から半世紀近く前（1972年）のことです。当時，東京教育大学（現筑波大学）体育学部の1年生だった私は，小・中・高の12年間では，まったく経験したこともない"**すごい**"体育授業に出会ったのです。それは金子明友先生（筑波大学名誉教授）の器械運動の授業でした。

　当時，金子先生は歴代オリンピックチャンピオンを育てられた体操競技の世界的に著名な指導者でした。しかし，すでに10年近くの体操競技経験があった私にとっては，学校体育の教材だけを行う器械運動の実技は何の負担にもならず，はじめはけっこう気軽な気持ちで先生の授業にのぞんだように記憶しています。

　第1回目の授業はマット運動の前転でした。私たち体操部員は，大柄な柔道部やバスケット部の仲間がいかにもつらそうに回っているのをしりめに，涼しい顔でくるくると前転を繰り返していました。すると金子先生が，「今から白石を，前転ができないようにする」と言われたのです。それを聞いた私は，「そんなバカな，どんなことがあっても前転ぐらいはできる」と思いました。次に先生は私に，「お前，小学生のころに前回りではボールのように丸くなれと言われなかったか」と問われました。「はい，言われました」と私が答えると，今度は「じゃあ，本当にボールのように丸くなってみろ」と言われたのです。

　そこで小さく丸くなってみました。そこまでやってやっと気づいたのです。ボールのように丸くなっただけでは何も起こりません。回るどころか，ピクリとも動けないのです。体操には自信のあった私でさえ，いや私だからこそ誤った常識に縛られていたのです。今でも前転の授業のときに，先生が「いいかい，今日やる前回りは，このボールのように丸くならないと回れないんだよ」と言ってマットの上でボールをころがします。たしかにボールはころがりますが，そこにはトリックがあります（先生自身はトリックだと思っていませんが）。ボールは自分でころがっているのではなく，先生の手の力によってころがされているのです。もしも，ボールのように丸くなって前転しようとするなら，いちいち先生が押さないところがらないということになってしまいます。

　このときの体験は強烈なものでした。その後で，金子先生が前転について説明をされ始めると，私は自分の顔から血の気が失せていくのを感じました。先生が説明される前転の技術ポイントについて，私はまったく何も知らないということに気づかざるを得なかったのです。

　「できる」ということと「わかっている」ということの間に，これほどの隔たりがあるということもはじめて知りました。また自分でやれるということと，他人を教えるということがまったく違うということも，このときわかりました。さらにまた，運動には必ずそれが合理的にできるための技術というものが存在し，それを使わなければ，たとえオリンピックチャンピオ

ンでも前回りすらできなくなってしまうということも教えていただいたのです。

まさに眼からウロコが落ちる思いでした。それから半年間続いた金子先生の器械運動の実技授業は，毎回が驚きの連続でした。そしてそれまで経験した，「ただできさえすればよい」という体育実技の授業と異なり，指導者養成のための実技授業，つまり運動教材の構造解説や技術，それに基づく最新の指導方法論，さらには「結果の違いを生み出す経過の違い」の見抜き方などをすべて網羅した実技授業というものがあることも教えていただいたのです。

その後，私は金子先生の元で，のべ10年にわたって器械運動や体操競技の指導法とスポーツ運動学を学ぶことができました。そうした学びを終えた後，わたしは1982年に福島大学教育学部保健体育科に赴任したのです。教育学部というのは，教員養成を目的とした学部です。ですから保健体育科の教員の役目は，小・中・高で体育を教える先生を育成することでした。金子先生から10年にわたって指導を受けていた私は赴任当初から，そうした学部で行われる体育の実技授業においては，ただ運動ができればよいというのでは不十分だと考えていました。学校で扱われる運動教材ができることは不可欠ですが，それ以上に将来，先生となったときに，その運動を子どもたちにいかに上手に教えることができるかという力，つまり指導する力を養う必要があるはずだと考えたのです。

こうしたねらいをもって行ってきた私の器械運動の授業は，35年間にわたって学生たちから好評を得ることができました。それは，「できなかった人がたちどころにできるようになるだけではなく，その方法を自分たちも使って同じように教えられるようになる魔法のような授業」という声に代表されるでしょうか。

私は2017年の3月末に35年間勤めた福島大学を退職し，現在は岐阜の朝日大学に新設された健康スポーツ科学科の教授として勤務しています。福島大学を去るにあたって，かつての教え子たちから「白石先生の器械運動の本を出してください」という声を多数いただきました。そうした声を受けて，私もこれまでの授業の集大成となるような本を書いてみる気になりました。

今回は，20年以上前に私の授業を受け，卒業後は小学校の先生として長く勤務してきた吉田貴史先生に共同執筆者になっていただきました。先生には，長年の小学校教員としての指導経験を踏まえて，私の教員養成用の授業内容を小学校の先生方に使っていただきやすいように再構成していただきました。本書に掲載されている連続写真のモデルには，新体操の全日本チャンピオンである臼井優雅選手（中京大学大学院）に，また撮影と連続写真の作成は，ＯＫＢ体操クラブの坂本匡コーチに協力していただきました。この場を借りて心からお礼申し上げます。

朝日大学教授　福島大学名誉教授　　白石　豊

●●● wasからwieへ ●●●

　「前転がりと前転の違いは何？」。白石先生の器械運動の授業を受けていたとき，このように質問されて，私は言葉が出ませんでした。私が小学生や中学生のとき，マット運動は得意な方だと思っていました。しかし，白石先生の授業を受ける大学１年生のときまで，恥ずかしながらでんぐり返りと前転は同じものだと思っていたのです。このとき，白石先生から，「wasからwieへ」というお話もしていただきました。wasとwieはドイツ語で英語だとwhatとhowにあたります。つまり，what(動きの構造)がわかってはじめて，how（動きをどのよう教えるか）ということが問題になるということです。

　教員として子どもたちの前に立って，その言葉の意味がさらによくわかりました。やみくもに「この方法だとできる」という練習方法だけを子どもたちに紹介しても，子どもたちの目は輝きません。目の前の子どもはどんなことに課題をもっていて，目標とする技がこういう構造をしているから，その技ができるようになるためにどんな感覚を味わわせ，何を意識させて，どのような場で学んでいけばいいのか考え，授業づくりをすることが授業者として大切であると思いました。そこで，この本は授業の進め方ではなく，授業を子どもたちと創っていく基になる「動きのポイント」について詳しく扱いました。

教師自身の「見方・考え方」
（動きの構造を知る→教師の見取りが変わる→言葉かけが変わる→学びの質が変わる）
　平成29年に告示された小学校学習指導要領解説　体育編には，

> 　主体的・対話的で深い学びの実現に向けた授業改善の推進が求められ，深い学びの鍵として「見方・考え方」を働かせることが重要になる

ということが示されています。
　私は，子どもの「見方・考え方」を育む前に，教師自身が教材に対する「見方・考え方」を鍛えることが大切であると考えます。
　ある子どもが，前転のコツについて「ボールのようになって転がる」と話したとします。教師も「前転はボールのように転がる」と捉えていたら，「そうだね，ボールのように転がってみよう」と子どもに返すかもしれません。しかし，前転がボールとは違い，自分から転がるエネルギーをつくりださないと転がらないもの，ボールのように大きさが一定ではなく小→大→小と大きさを変えるものだとわかっていたならば「いつ丸くなるの」とか，「転がるためのエ

ネルギーは体のどこでつくるの？」という問い返しができ，それによって，子どもたちは前転が「できる」だけでなく，より深くわかって「できる」ようになると考えます。

　自分の運動経験のみで授業に臨むのと，動きがわかって子どもと授業を創っていくのとでは，子どもがやってみたからこそ感じて表出した言葉や技のポイントの気づきに対する価値付けや，もう少しでできそうなときの言葉のかけ方等に大きな違いが生まれてくると考えます。そのために，本書では，誤ったイメージをもちやすい技について「これまでの誤った常識」という項目を設けて解説しました。

「全員ができる」←「全員でできる」

　新しい小学校学習指導要領解説　体育編の「体育科改訂の趣旨及び要点」の改善の具体的事項に，

> 　全ての児童が，楽しく，安心して運動に取り組むことができるようにし，その結果として体力の向上につながる指導等の在り方について改善を図る。その際，特に，運動が苦手な児童や運動に意欲的でない児童への指導等の在り方について配慮する。

と明記されました。そこで，本書では，運動が苦手な児童や運動に意欲的でない児童へ考慮して，基礎技能のための予備技も紹介しています。たとえば前転では，しゃがみ立ちができない場合に，下半身でつくったエネルギーを上半身に伝える運動として，五つの課題を紹介しました。技はいろいろな技術が組み合わさってできています。その技術の基礎となる技能や感覚を高める運動を細かいステップで行うことで，「できた」「またできた」という喜びを感じたり，たとえすぐにできなくても，「拍手が１回から２回できた」「さっきよりも○ｃｍ前に進めた」といった小さな成長を感じ「できないことをも楽しむ」ことができたりすることは，器械運動に対する意欲を高めることにつながると考えます。

　また，本書では運動が苦手な児童への配慮として，「補助」についても紙面の許す限りできるだけ紹介しました。補助は相手の動きに合わせて動かなくてはいけないため，大人でも難しいものがあります。しかし，補助の目的や方法の理解をした後，手の動きを入れながらシミュレーションし，ゆっくり動いている中で補助の練習を行い，実際にやってみるといったステップを踏んだり，それでも難しい場合には，教師が児童役で子どもたちに補助をさせたりすることで子どもたちも補助ができるようになります。補助を通して，友達や自分の動きを感じ，感じたことを互いに伝え合ったり，補助をした児童の「あれっさっきより軽くなったよ」という気づきに対して教師がその軽くなった根拠を問い返し，考えたりすることで，より深い学びの実現ができると考えます。

福島県福島市立庭塚小学校　　吉田　貴史

Contents

はじめに
was から wie へ

1章 器械運動の指導法

1 運動指導と運動観察力　10
2 「はじめは大きく」,「真下から小さく」,「最後に手を握りかえて！」　11
3 指導法の例：「落差法」を使った開脚前転と伸膝前転の指導　13

2章 技の解説と指導のポイント

マット運動

1 授業を行う前に　20

いろいろなマット遊び

1 いぬ歩き　21
2 くま歩き　21
3 あざらし　22
4 しゃくとり虫　22
5 うさぎ跳び　22
6 かえるの足打ち　23
7 かえるの逆立ち　23
8 壁登り逆立ち　23
9 手押し車　24
10 アンテナ（背支持倒立）　24
11 支持での川跳び　25
12 ブリッジ　25
13 丸太転がり　25
14 だるま転がり　26
15 ゆりかご　26
16 前転がり　26
17 後ろ転がり　26

3〜6年のマット運動

- 1　前転　29
- 2　大きな前転　33
- 3　開脚前転　37
- 4　伸膝前転　40
- 5　跳び前転　41
- 6　後転　43
- 7　開脚後転　48
- 8　伸膝後転　49
- 9　後転倒立　51
- 10　壁倒立　53
- 11　頭倒立　54
- 12　倒立　55
- 13　倒立前転　59
- 14　側転　60
- 15　川跳び側転　61
- 16　側方倒立回転（腕立て側転）　62
- 17　前方倒立回転　68
- 18　首はね起き　70
- 19　頭はね起き　71

鉄棒運動

- 1　鉄棒運動の種類　72
- 2　授業を行う前に　72

鉄棒を使った運動遊び

- 1　支持・向きかえ　75
- 2　ぶら下がり　76
- 3　揺らし・振り　78
- 4　跳び上がりや跳び下り　78
- 5　易しい回転　79

3〜6年生の鉄棒運動

- 1　基礎感覚や能力の確認　80
- 2　かかえ込み前回り　81
- 3　前方支持回転　83
- 4　膝掛け振り上がり　84
- 5　膝掛け上がり　86
- 6　逆上がり　90
- 7　後方支持回転　95
- 8　後方片膝掛け回転　97
- 9　前方片膝掛け回転　98
- 10　前回り下り　99
- 11　転向前下り　100
- 12　片足踏み越し下り　100
- 13　両膝掛け倒立下り　101
- 14　両膝掛け振動下り（こうもり振り下り）　101
- 15　いろいろな下り方　102

跳び箱運動

1 跳び箱運動の種類 103
2 授業を行う前に 103

跳び箱運動を使った運動遊び

1 またぎ越し 109
2 踏み越し 110
3 腕立て跳び上がり下り 110
4 ウルトラマン跳び 111

3～6年の跳び箱運動

1 基礎感覚や能力の確認 112
2 基礎技能づくり 115
3 開脚跳び 118
4 かかえ込み跳び 122
5 台上前転 125
6 首はね跳び 127
7 頭はね跳び 130

1章
器械運動の指導法

1　運動指導と運動観察力

　運動を指導する者として身につけておかなければならない資質にはさまざまなものがあります。子どもたちの前で，たとえ上手ではなくとも，お手本をみせられるような実技能力をもっていることは，もちろん望ましいことです。また，安全管理や集団を動かす力なども当然，身につけておかなければなりません。指導者に必要なこうした資質を養成するために，大学や種々の講習会などでさまざまなカリキュラムが設けられているわけですが，運動を観察する力を養成するということについては，まだ十分に取り上げられていないのが実情です。

　どのような運動の場合でも，それが上手にできるためのコツが存在します。そしてそのコツは決して個人個人で異なるものではなく，そのコツを使うことができれば，だれもがその運動が上手にできるし，逆にどんなに体力的にすぐれていようともそのコツを使わなければ，たちまちその運動ができなくなってしまうという性格をもっているのです。このように個人的な癖ややり方にとどまらない一定の公共性を持ったコツのことを，スポーツ運動学では"運動技術"と呼んでいます。

　子どもたちは，こうした技術について正確に知らなくても，まさに見よう見まねで運動ができるようになってしまうことも珍しくありません。しかし運動を指導する側の先生が，こうした技術ポイントについて無知であってよいわけはありません。逆にいえば，こうした技術ポイントについての正しい認識を持つことによって，仮に実技能力が十分でない先生でも，子どもたちの運動の欠点をたちどころに見抜き，成功に導けるような的確な指示を発することができるのです。

　こうした技術ポイントにまつわってよく勘違いされやすいことの一つは，やさしい技の場合には大切なポイントはわずかで，逆に難しい技ほど数多くの技術ポイントがあると考えられてしまうことです。しかし実際にはそうではありません。つまり，マットや鉄棒の「前転」のような簡単な技でも，技術的ポイントは二つか三つであり，現在の体操競技で内村航平選手が演じるようなもっとも難しいG難度の技でさえも，やはり重要な技術的ポイントは三つほどなのです。

　さて，実際に運動を行う側からすれば，その運動を覚えていくときに注意を払うべきポイントは三つぐらいであり，中でも自分がもっともうまくできない点に意識を集中して練習すればよいということになります。また，それを指導する側も，眼の前で一瞬たりとも静止することなく過ぎ去っていく運動の中から，できない原因を瞬時に見抜こうとするならば，やはりこの三つほどの技術的ポイントにしぼって見ればよいということになります。

　さまざまな職種においてプロフェッショナルな能力を持つためには，長期間にわたる訓練が必要であることはいうまでもありません。このことは運動の観察能力についても同様ですが，そこにもまた要求されるレベルというものが存在します。つまり，ただ漫然とながめるような

段階から，ある問題意識をもって観る段階もあれば，一瞬にしてそのポイントを見抜いてしまうほどの本質直観といわれるようなレベルまであるのです。競技スポーツのコーチや審判員，あるいは小学生を相手にしていても，競技志向の子どもたちを指導しているコーチなどには，そうした究極的な観察眼が要求されます。しかし，国語や算数などのすべての教科を指導しなければならない小学校の先生が，こうしたレベルにまで至る必要はもちろんありません。

いずれにしても最低限必要なレベルの運動観察能力というのは，次のようなものではないでしょうか。つまり，自分が子どもたちに教えようとしている運動について，それぞれ三つほどの技術的ポイントを知り，それに基づいてできない子どもはどこのポイントのところでつまづいているのだろうか，あるいはできている子どもでも，どこのポイントにまだ欠点が残されており，そこを変えれば全体としては，こういう具合にもっとよくなるというような見方ができるようになるということです。この本では，新学習指導要領の中で取り扱われる技についてそうした見方ができ，それを踏まえて適確な指導ができるように配慮しました。

学校のいろいろな教科の場合，指導者が年を重ねることは，自分の技量も高まっていきますし，経験や知識が豊かになって，いわゆる教え上手になっていくというのが一般でしょう。ところが体育の場合には，必ずしもそうとはいえないところがあります。もしも実技能力だけが運動を教える先生の重要な要件であるならば，若くてばりばり体を動かせる人だけが教えられるということになってしまいます。しかし，人はいつまでも若く動き続けられるわけではありません。わたしたちは，どんなにあがいても確実に年をとっていくものです。それでは運動を教える人は，他の教科や芸術などのように年をとったベテランの先生ではだめなのでしょうか。そんなことはまったくありません。運動の指導においては，よく観える者がよく教えられる者なのです。

ちょうど宝石や刀などの真贋を瞬時に見抜くすぐれた鑑定士が存在するように，私たちの運動の世界でも，いわゆる"眼きき"の教え上手な先生が数多くいます。それでは以下に，運動の世界で今より少しでもよく見えるようになるにはどんな所を見ていけばよいのかといった点について，例をあげて説明することにしましょう。

2 「はじめは大きく」，「真下から小さく」，「最後に手を握りかえて！」

鉄棒運動のすべての回転技には，次のような共通の技術ポイントがあります。つまり，「回転開始の技術」，「回転加速の技術」，「手の握りかえ技術」の三つです。これをもっとわかりやすい言葉で言うと，「はじめは大きく」，「真下から小さく」，「最後に手を握りかえて」ということになります。

この三つのポイントは，学校体育で取り扱われる回転系の技にとどまらず，体操競技で行われる車輪などのすべての回転技に共通するものです。したがって，回転技ができない生徒の原因を見抜こうとする場合などにも，この三つのポイントを押えておけば，ほとんどの原因を見

抜くことができます。また，それにしたがって的確なアドバイスを与えることができるようになるわけです。写真1は，鉄棒の前方支持回転の模範的な運動経過を示したものです。

　こんな簡単な技でも，実際には一秒たらずの間にすべてが終わってしまうので，ポイントをしぼらずに漫然とながめているのでは，できない原因を見抜けないまま，運動は眼の前を素通りしていくことになってしまいます。以下に，この前方支持回転の三つの運動技術を記しておくことにします。

①はじめは大きく（回転開始の技術）

　大きな位置エネルギーを発生させるために，写真1の①のように膝を曲げて回転軸を固定してから腕を伸ばし，胸を張ってあごを上げ，鉄棒（回転軸）から頭をできるだけ遠ざけます。
　前に回ろうとすると，すぐに身体を丸めてしまったり，あごを引いてしまったりする生徒が多いものです（写真2）。しかし，早くから体を丸めてしまうと頭の位置が低くなり，位置エネルギーが小さくなって回転力が減少してしまいます。大きな位置エネルギーを大きな運動エネルギーに変換するためには，写真1の①の姿勢を鉄棒の真下まで（写真の1の②）まで保つ必要があるのです。

写真2

②真下から小さく（回転加速の技術）

　上体が真下にきた瞬間にいっきに頭と体を前屈させ，上体を縮めることで回転スピードを加速させます。写真3のように，真下を過ぎてもまだ顎が上がり上体も伸びたままだと，回転加速技術が使えず落下してしまいます。

写真3

③最後に手を握りかえて（手の握りかえ技術）

　回転終了時に，写真1の③の位置で最後に手を握りかえることで，再び腕立て支持になることができます。写真4のように握りが硬く，最後に手を握り替えることができないと，①と②の技術がうまくできていても，腕立て支持の姿勢に戻ることができません。

写真4

　私の大学の授業でも，はじめに技術ポイントの説明をせずに，前転の成功例や失敗例をいくつか見せても，学生たちの眼にはなかなかその原因が見えてきません。私が，「うまくいかない人は，どこがいけないのだろうか」と問いかけてみても，「なんとなく勢いがなかった」とか，「膝が曲っていた」といったきわめて表面的な観察結果しか返ってこないものです。

　ところが三つの技術ポイントについて説明し，各ポイントでつまづいている学生に対して，それに応じたアドバイスをするだけで，次々にできるようになっていきます。するとほとんどの学生が，わずか10数分ほどの間に前方支持回転の観察ポイントについて理解し，その後はお互いにアドバイスしあいながら，授業が終わる頃には，ほとんど全員ができてしまうのです。

3　指導法の例：「落差法」を使った開脚前転と伸膝前転の指導

(1) 開脚前転と伸膝前転の従来の誤った常識（神話）

　明治初期に学校体育に導入された器械運動には，その歴史の長さからか，誤った運動観や指導法が数多く残されていました。たとえば，「跳び箱では，より高い跳び箱を跳べたら高得点で，跳べない者はより低い跳び箱へ」とか，「鉄棒の逆上がりは，力を使ってできるだけゆっくり上がること」とか，あるいは「倒立は，肩幅に手をついて，それを底辺とした三角形の頂点を見よ」といった具合です。こうした誤った認識にメスを入れ，運動学的視点からすべてを刷新したのが金子明友先生です。先生は，100年近くも続いた過去の誤った運動認識を「神話」と呼び，その「神話」の嘘を次々とあばいていき，器械運動の指導のバイブルを書かれていま

す。

　私が2時間目で取り扱う開脚前転と伸膝前転にも，同じような「神話」があります。まず開脚前転ですが，「足上に立った姿勢から前方に左右軸の接触回転をし，最後に脚を開いて足上に立つ」ことで開脚前転は"できた"と認めることができます。このときよく「開脚度合いが広ければ広いほど得点が高い」という神話が根強く残っています。これに基づいて，「準備運動では股関節の柔軟運動を多くさせるように」などが指導案に書かれたりもします。しかし，開脚前転の発展技として完全に脚を閉じて立つことを課題としている伸膝前転があります。つまり，開脚前転で開脚度合いが狭くなればなるほど，より難しさは増すということです。

　同じく伸膝前転でも，「伸膝前転は，前屈の柔軟性が不可欠」という神話があります。これによって当然，準備運動でも同様な措置が講じられることになるわけです。しかし実際は，前転そのものに十分なスピードがあれば，お辞儀をする程度（腰角度90度）でも伸膝前転に成功することは可能です。

　開脚前転と伸膝前転に成功するためには，それぞれの技課題である最後に足上に開脚，あるいは伸膝閉脚で立てるかどうかにかかっています。このことを効率的にかつ安全に達成させる方法として「落差法」という指導法があります。

(2)「落差法」

　落差法とは，文字通り落差をつけることによって立ち上がりやすい空間をつくり出し，技能レベルに応じて段階ごとの練習を行わせることができる指導方法です。

〈第1段階〉

　とび箱1段の上に，かかとをくっつけた状態で座ります。そこから台上に膝を伸ばして仰向けになり，足を振り下ろして最後に開脚（伸膝閉脚）で立ち上がります。

（開脚前転）

（伸膝前転）

〈第2段階〉　マットの下に厚さ30センチのロイター板2枚を向かい合わせにして入れて，30センチの落差をつくり，そこで練習を行います。

〈第3段階〉　マットの下に厚さ20センチのロイター板2枚を向かい合わせにして入れて，20センチの落差をつくり，そこで練習を行います。

〈第4段階〉　マットの下に厚さ10センチのロイター板を向かい合わせにして入れて，10センチの落差をつくり，そこで練習を行います。
〈第5段階〉　マット1枚の落差をつくり，5センチの落差で練習します。
〈第6段階〉　下には何も入れていないマットの上で完成させます。

以上のように落差法では，それぞれ異なる落差の練習場所を6カ所設けることで，開脚前転や伸膝前転の成否の分岐点となる立ち局面の姿勢課題を，学習者の到達レベルに応じて無理なく容易に身につけさせることができるわけです。詳しくは「マット運動編」をご覧ください。

小学校の器械運動領域の運動を整理すると次のようになります。

マット運動

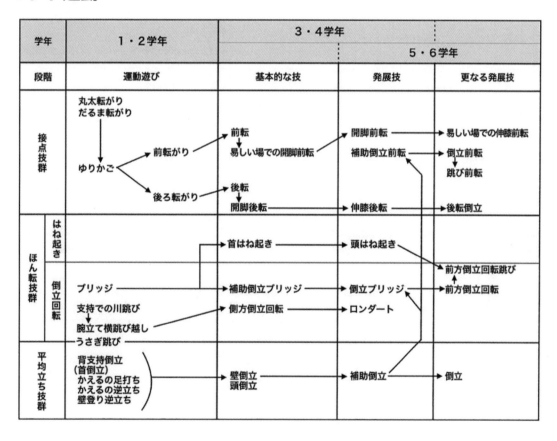

鉄棒運動

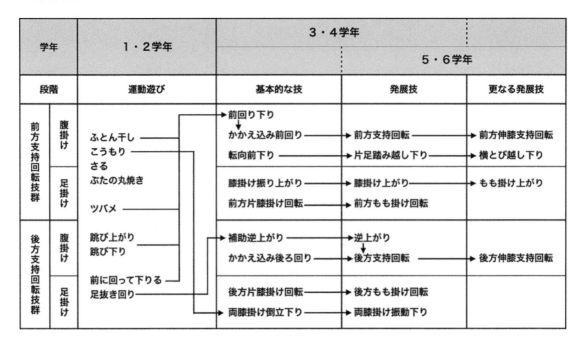

跳び箱運動

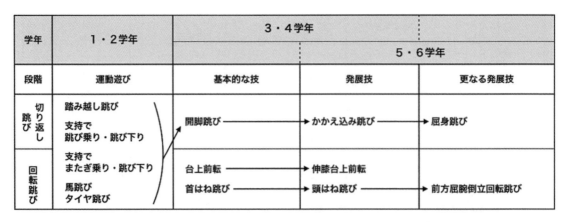

○低学年の「器械・器具を使っての運動遊び」の内容は,「固定施設を使った運動遊び」,「マットを使った運動遊び」,「鉄棒を使った運動遊び」及び「跳び箱を使った運動遊び」で構成されています

○中・高学年の「器械運動」の内容は,「マット運動」,「鉄棒運動」及び「跳び箱運動」で構成されています

【解説のページについて】

●技課題
　他の運動との区別がつきにくい技の場合，技ができたと判断するための情報を載せてあります。

●これまでの誤った常識
　誤って伝えられてきた技の情報について解説しています。

●動きのポイント
　技ができる上で欠かせない動きのポイントや意識するポイントを紹介しています。

●練習方法
　技ができるためのステップを紹介しています。

●発展
　より難易度の高い発展技を紹介しています。

2章 技の解説と指導のポイント

マット運動

1　授業を行う前に

(1)マット運動の「ここ」を観る
①腰角度
　脚と上体とでつくる腰の角度のことを腰角度と言います。特に接転技群はこの腰角度が回転の半径を大きくしたり小さくしたりし，回転するためのエネルギーの大きさに大きく関わっているので，腰角度を観ることで技がよく見えるようになります。

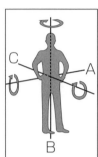

②運動の回転軸
　運動には三つの回転軸があります。左右軸（A），上下軸（B），前後軸（C）といわれていますが，子どもたちには，おじぎ軸，上下軸，おへそ軸などと伝え，それぞれの技はどの軸が大切なのかを考えさせると子どもたちの動きを見る目も育ってきます。

(2)学習を進めていく上で覚えておくと便利な言葉
・長座　　：脚を伸ばして座る姿勢。
・仰向け　：身体の前面（顔・腹側）を上に向けること。
・うつぶせ：身体の後面（後頭部・背中側）を上に向けること。

(3)用具の扱いについて
・マットの運び方
　マットは大きさにより運ぶ人数を決めておくと準備に時間がかかりません。
　（例：120cm×60cm：1人，180cm×90cm：4人，240cm×120cm：6人等）
・片付け方
　マットを壁にぴったりとつけるのではなく，運ぶ人が入れるくらいスペースを空けて重ねておくと出しやすくなります。

(4)安全面について
　実際にマット運動を行う前に，児童の基本的な能力や体力を確認しておく必要があります。
　例）かえるの逆立ち，腕立て伏せ，白樺腹筋，手押し車，馬跳び　等

いろいろなマット遊び

　低学年の「マットを使った運動遊び」では,「支持」や「逆さ姿勢」,「回転」などの運動遊びを楽しく行うとともに,基本的な動きを身につけたり遊び方を工夫したりすることが課題になります。回転を容易にするためにマットを使って,背中や腹などをつけていろいろな方向へ転がったり,手や背中で支えて逆立ちをしたり,体を反らせて遊んだりしながら,基礎感覚を養い,中学年からのマット運動へのスムーズな接続を目指します。

1　いぬ歩き

　膝を軽く曲げて,両手を着いて進みます。
　膝をついてしまうと,体重が手に乗らないので,はじめはゆっくり行いながら手に体重が乗るように動きを確認しながら行います。

2　くま歩き

　腰を高い位置にして両手を着いて進みます。

発展1　手足交互：右手を前に出したら左足を前に出して進みます。
発展2　手足一緒：右手と右足を出して前に進みます。
　発展2までできたら,腰よりも頭が低い非日常的な体勢でも,自在に手足を動かすことができるようになっていることでしょう。

3　あざらし

右手と左手を交互に前に着いて，脚を引きずるように前進します。

発展　足先だけを着いて素早く進みます。

4　しゃくとり虫

両手を前に着いて，体を伸ばします。手を着いたら一気に両足を引きつけます。

体を伸ばす　　　　（ポーン）　　　（トン）　　　　手を前へ

5　うさぎ跳び

　しゃがみ姿勢から両足で蹴り，体を前方に投げ出して手を着き，腕の突き放しによって再びしゃがみ姿勢になります。目線が前方になるように手を着くところよりも前を見るように声をかけします。　足　→　手　→　足　の順番で床に着きます。

● 発展

蹴った後に空中に浮いてから手を着きます。足　→　空中　→　手　→　足

6 かえるの足打ち

手を上げて　手を着いて　足を開く　素早く足打ち　　　　　　　足裏で着地できるようにする
スタート　　両足を上げる　　　　　（パン）

　あごを引いてしまうと，体が丸まり，前方へ倒れたり，肘が曲がり支えにくくなったりします。手と手の間を見るようにすると，あごが引かれないので体を支えやすくなります。膝を曲げたまま，おしりの近くで足打ちをします。足打ち1回が3回連続できたら足打ち2回に挑戦し，足打ち2回が3回連続できたら足打ち3回というふうにやってみましょう。

7 かえるの逆立ち

　膝の内側を肘の外側に乗せて，足を浮かせます。頭を下げると力が入りにくいので，50cmぐらい前を見つめるようにします。10秒静止できることを目標に行いましょう。

8 壁登り逆立ち

　壁に足をつけて，少しずつ登っていきます。登るにつれて，手を壁に近づけていきます。逆立ちの姿勢になったら，足首を伸ばし，指先を天井に向けると体が伸びてきます。「足首を伸ばして」というのが分かりにくい時には，「足の甲を壁につけて」と伝えると足首が自然に伸びてきます。

● **壁登り逆立ちのステップ**

①壁に向かって立ち,肘を伸ばして壁を押します。頭を入れますが,目線は壁を向くようにします。

②四つん這いになって,片手をあげて,反対側の手に体重を乗せる動きを繰り返します。

③片足だけ上げて,手と手の間のちょっと前を見つめながら手を壁に近づけ,足を少しずつ上に上げていきます。

9　手押し車

　2人1組になります。1人が四つん這いになって,もう1人が足を持ち上げます。立っている人が操縦して,四つん這いの人を歩かせます。

　足を下ろすときも,膝から落ちないように,足が床に着くまで離さないようにします。

10　アンテナ（背支持倒立）

　腰をできるだけ高く持ち上げ,つま先までピンッと伸ばします。

　足先を頭の方へ倒しておいて,そこから少しずつ持ち上げると腰を高く持ち上げやすくなります。

11　支持での川跳び

　手を着いたところを，見つめるようにして行います。手を着く前も着地したときも足が川の方を向いているようにすると着地が安定しますし，側方倒立回転の動きにつながる体の使い方になります。

　川をイメージできるようにテープ等で2本のラインを引く場合に，平行ではなく斜めにラインを引いてあげると，だれでも飛び越せる場所ができ，できた子どもはもっと広い川を飛び越すぞという意欲を高めることができます。腰が浮いている時間をカウントしてあげ，時間が長いことを価値付けてあげることで，腰が高い動きに変わっていきます。

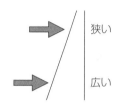

12　ブリッジ

　手のひらは，耳の横に肩の方に指先を向けて着きます（①）。手が耳から離れてしまうと真上に押すことが難しくなってしまいます。足は，肩幅に開きます（②）。両手，両足で一気に上げ，あごを出します（③）。体を持ち上げるのが難しいときには，友達に背中の下で四つん這いになることで体を持ち上げてもらい，ブリッジの姿勢の感覚をつかみます。

①　　　　②　　　　　　　　　　③　　　　　　　　　　④

13　丸太転がり

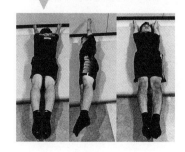

　一人で両腕を伸ばして，体を一本の棒のようにして上下軸回転で回ります。

発展　手や足を床につけないで回る

　手や足を着けないように回ろうとすると，よりお腹や背中に力が入り，軸をつくって回るようになります。

2章　技の解説と指導のポイント　◆　25

14　だるま転がり

　足の裏を合わせて座り、両手で足先をしっかりつかみます。体を左右に揺らし、勢いをつけてそのまま転がり、背中をつけた後、起き上がります。

15　ゆりかご

　膝を抱えて大きく前後に体をゆらします。ゆりかごは、前転、後転の基礎となる運動です。後ろに回転する動きは「後転」に、起き上がってくる動きは「前転」につながる動きです。はじめはゆっくり転がって、マットと体のどこがふれているかを感じながら行います。頭からおしりへ、またおしりから頭へマットとふれているところが移動している感じをつかむことができたら、少しずつ振り戻りのスピードを早くしてみます。

16　前転がり

　腰の位置を高くしながら、回転を始め、手で支えながら後頭部をつけます。膝を曲げ、頭を起こしながら、腕を前に出します。最後に踵を引きつけてしゃがみ立ちします。

17　後ろ転がり

　おしりを後ろに着いて、回転を始めます。手と腰を同時に後方へ向けます。手を耳の近くに

着いて，腰を持ち上げて回転します。最後に両手でマットを押し，しゃがみ立ちをします。

● 場の設定

(1) 坂道からの転がり

ロイター板[1]をマットに入れて坂道の途中で頭をつけるようにして，後ろに転がります。坂の途中に頭を着けるようにおしりの位置を調節します。

● 授業展開例（マット運動遊び）

学習指導要領では，低学年はマット運動「遊び」となっています。

そのため，運動に抵抗なく取り組むことができるように，易しい場や集団で取り組む場を設定したり，模倣や競争，回転することの楽しさを味わうことができるような工夫を入れたりしながら運動遊びを楽しく行えるように工夫します。

(1) 進化ジャンケン

ジャンケンで勝ったら，違う動物に進化できるような遊びです。

例：あざらし→うさぎ→いぬ→くま

相手を見つけるために，歩かなくてはいけない必要感が高まるとともに，ジャンケンをする時に片手で自分の体を支える時間が生まれるようになります。

(2) 追いかけっこ

丸太転がりを別の動きで追いかける遊びです。

例：いぬとサツマイモ

一人が，マットの中央にうつぶせになります。これがサツマイモです。もう一人がマットの端から，四つん這いで転がるサツマイモを追いかけます。合図でサツマイモといぬが動き出し，いぬに追いつかれる前に，サツマイモがマットの端にいくことができたら，サツマイモの勝ち，

---

[1] ロイター板（ロイターばん）は，板ばねを内蔵し合板の弾性を利用する構造をもつ踏切板のことです。「踏切板」には固定式とスプリング式があり，ロイター板はスプリング式の踏切板です。

いぬがサツマイモにタッチすることができたら、いぬの勝ちです。

(3)リレー

連続で行ったり、回数をこなしたりするのに有効なリレー形式の遊びです。動きが雑になりやすいので、動きが安定してできるようになってきてからの方が効果的です。特に丸太転がりのリレーでは、速く回ろうとすることで、より体幹を意識したり、まっすぐ回ろうとする必要感を高めたりすることができます。

(4)2人組で、3人組で、グループで

手をつないで回ったり、動きを合わせて回ったりすることで友達と動きを楽しむことができます。動きのズレを感じ、その違いの原因を考えることで、友達や自分の動きに目を向けることができます。

例：2人組丸太転がり

2人で手をつないで、丸太転がりをして、マットの端までたどり着くゲームです。2人でタイミングを合わせたり、体をピンッとまっすぐにしたりしないとまっすぐ転がることができません。

(5)ころころランド～くねくねのマットや坂道のマットの場をつくる～

マットに布ガムテープを貼ってくねくね道をつくったり、ロイター板を入れて、坂道や下り道の場をつくったりして、転がります。自分たちのつくった場所をアトラクションとして友達に紹介する活動も楽しいものです。

(6)物語をつくろう

いぬさんに　追いかけられた　　あざらしさん　　コロコロころがりにげました　ハイポーズ

できるようになった動きで物語をつくり、動きをつなげて表現します。はじめと終わりがわかるよう開始前と終了後に手を挙げるようにします。友達の言葉に合わせながら動いたり、友達のつくった物語をやってみたりして楽しみます。友達のまねをする場合、一つの物語に三つ程度の技だと低学年の児童でも真似しやすいようです。

3～6年のマット運動

1 前転

●技課題

□しゃがみ立ちからからしゃがみ立ちへ　　□左右軸回転
※前転と幼児の「でんぐり返り」との違い
　単に頭越しの転がりさえできればいいのがでんぐり返りです。幼児のでんぐり返りは腹筋を緊張させないので，上体を起こすエネルギーが生まれないため，投げ出された足がバタンとマットにぶつかってしまうことが多くなります。

●これまでの誤った常識

「前転はボールのように丸くなれば上手に回れる」は誤りです。
　丸くなっても回転は起こりません。ボールは丸いから転がっているのではなく，外から力が加わっているから転がるのです。ですから，前転に限らず人間が行う運動はすべて自分でエネルギーを生み出さなければなりません。そのためのコツ（技術）が以下の二つの動きのポイントです。

●動きのポイント

(1)順次接触：頭の後ろから順番にマットにつける
　　　　　　（後頭部→首→肩→背中→お尻→足上に立つ）
(2)運動伝導：長い脚でつくった大きなエネルギーを上半身に伝える
　　　　　　下体から上体への運動を伝える

●練習方法

(1)しゃがみ立ちが難しい場合
　両手でマットを押さないと起き上がることができないつまずきに対する練習法の紹介をしま

す。

課題1　仰向けに寝た姿勢から，上体を起こします

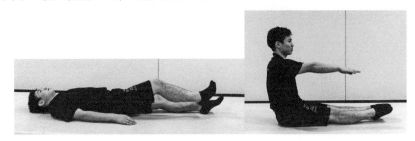

・両腕は，体の横におき，片膝を曲げてかかとをマットにつけないで浮かしておきます
・足を前に蹴り出すようにして膝を伸ばす時，上体を起こします
　→少しずつ，起き上がるスピードを早くしていきます

課題2　仰向けに寝た姿勢から，両足を蹴りだすようにして起き上がります

・課題1と同様に，足を蹴り出しながら上体を起こします

課題3　仰向けになり，両足を垂直に上げた姿勢から起き上がります

・両足を勢いよく下ろし，マットに着く寸前に急に両足を止めることで，上体を起こします
※両足を振り下ろしてすぐに上体を起こそうとすると起き上がることができません。両脚でつくった大きなエネルギーを上体に伝えるために，足が床に着く寸前にお腹にぐっと力を入れて起き上がります。

課題4　腕を組んで，長座から後ろに転がり，再び起き上がります

　腕を組むことで腕の反動を使えなくしています。
・腰をマットから離し，腰の角度をよく広げながら，足を前に蹴り出します。
・膝を曲げてできたら，膝を伸ばして行います。
　この二つで起き上がることができたら，腕の反動や膝の伸ばしの力ではなく，腰の開きを上手に使って上体を起こすことができたことになります。

課題5　ゆりかご→首倒立→しゃがみ立ち

※マットと床との段差の有効利用
　子どもにとってゆりかごからのしゃがみ立ちは初め難しいものです。マット上でゆりかごをして，足は床につけるようにすることで，おしりと足の間に小さな段差ができ，立ち易くすることができます。

(2)頭を腰より下にして回転することに抵抗がある場合
　前転は，頭を腰よりも低い位置にする非日常的な動きのため，「怖い」と感じる子どもがいます。そのような子どものための練習方法の紹介です。

課題1　スピードを上げていぬ歩きをします
　いぬ歩きのスピードを上げていくと腰の位置が自然に頭よりも上がってきます。
課題2　腰の位置が頭よりも高いうさぎ跳びをします

※両足でしゃがんだままのジャンプになる時には，両手と両足が交互に着地することを意識します。

リズムがつかめない場合には，「手」「足」「手」「足」と言ってみます。次に「手」と言いながら両手を前に着き，「足」と言いながら両足を引きつけてみましょう。慣れてきたら，両手で支えた時，腰が頭より高くなるようにしてみましょう。

課題3　階段を四つん這いで降ります
　　最初は腹ばいに近い形で降ります。それで降ることができたら，少しずつ上体を床から離して降りていきます。

課題4　腕立て支持臥せで，お腹を見ながら足打ちをします
　　頭をお腹の方に曲げると緊張性頸反射[2]が働いて両腕が曲がり，支えにくくなります。お腹を見た姿勢でも，腕を伸ばすことができるようにします。

課題5　お腹を見ながら，跳び箱の台の上に足を乗せ，転がります

跳び箱に膝をついて，手が届く距離から始めます。脚を前後に開いておくと，後ろ脚の振り上げによって頭越しの回転がやりやすくなります。

---

[2] 緊張性頸反射：頭を背中の方へ首を曲げた場合には腕が伸び，背中の筋肉が緊張します。逆に，頭をお腹の方へ傾けた場合，腕が曲がり，背中の筋肉が緩まる反射のことです。

2　大きな前転

●練習方法

膝と胸が離れることで大きな前転になります。以下のステップで，大きなゆりかごができるようにします。

(1)ゆりかご

10回を目安に行い，20回楽にできるようになったら，次のレベルに進みます。

レベル1　両膝を両腕で抱え，そのまま前後に体を揺らします。
レベル2　両膝を曲げ，両腕は床から離して体側に置いたまま前後に体を揺らします。
レベル3　両腕をまっすぐ伸ばして，両手がふとももの上にくるようにします。頭とかかとを30cmほど床から持ち上げ，前後に体を揺らします。
レベル4　レベル3の姿勢から両腕を頭の上に伸ばして，耳を挟んで，前後に体を揺らします。

(2)背支持倒立

レベル1　　　　　　　　レベル2　　　　　　　　レベル3

背支持倒立がまっすぐにできるようになったら支持する場所を減らして行います。

レベル1　背支持倒立→レベル2　背中から手を離して，腕全体をマットにつけて支えます
　　　　　　　　　→レベル3　腕をマットから離してできるだけ体をまっすぐにします

(3)頭支持倒立（三点倒立）10秒

　肩幅に手を着きます。手と頭の位置を結ぶと三角形になる位置に頭を着けます。頭は頭の真ん中よりもちょっと前を着けます。

(4)ゆりかごをして首倒立からしゃがみ立ち

(5)頭支持倒立→首倒立→前転

●補助方法

①前転をし始めたところで補助者は足をつかみます。その際前転をしている人は，大きなエネルギーを生み出すため腰を入れてまっすぐ体をのばします。
②補助者は前転者の首が入ったことを確認したら脚を前へ軽く投げます。

●動きのチェック

(1)回転加速のチェック
①前転して立ち上がると同時にジャンプできる
　回転加速ができていなければ，ジャンプする前にジャンプをするための動作が入ったり，後ろに下がったりしてしまいます。
②前転して立ち上がると同時に1m前にジャンプできる
　ジャンプする前に腕の振りを入れないで前にジャンプします。

(2)回りはじめの腰の引き上げ，足の蹴り上げ，後頭部からの順次接触のチェック
①腕組みをしたまま前転をします。

②両手を横に水平に挙げたまま前転をします。
③手の甲だけをつけて前転をします。

●発展

(1)安定した前転（連続で前転をする）

　前転を連続で転がるのと，ボールが転がるのとで大きく違うのは，前転は一定のリズムで回転していないことです。転がりはじめのゆるみと起き上がりの締めのリズムの交替が1回前転に明確に現れ，その交替のすばやい繰り返しがスピードにつながるようになると発展技へつながっていきます。つまり連続前転では，スピードだけでなく，リズミカルな回転も大切なポイントとなります。

●指導者の眼

(1)指導者の眼　どちらの前転の方が発展技につながるでしょう？

【A】

【B】

　【A】の前転が悪いということではありませんが，開脚前転・跳び前転に発展させるために段階的に【B】の前転を目指すことを指導者はわかっていることが大切です。

⑵指導者の眼　運動伝導

運動伝導：進行方向に急激なブレーキをかけることによって大きな運動エネルギーを発生させること

脚を上げることで位置エネルギーが発生します。

脚を下げることで運動エネルギーへ転換されます。

脚が地面に着くのを止めようとすると、腹筋がジョイントとなって、発生した運動エネルギーが上体へ伝わります。

運動伝導の五つの種類

他にも下のような運動エネルギーの伝導の仕方があります。どこでエネルギーを使ってどこに伝わっているかがわかると、より運動を観ることができるようになります。

①脚から上体　前転　②上体から脚　後転，ボールを蹴る　③上体から頭　ヘディング
④上体から腕　ボールを投げる　⑤腕から上体　ジャンプ

3 開脚前転

●これまでの誤った常識

「股関節が柔らかくないと開脚前転はできない」「脚をできるだけ開いた方が点数は高い」
伸膝前転は足を閉じたまま,膝を伸ばして立つため,当然開脚前転よりも難しくなります。このように,開脚度合いが狭い方が難易度は高いのですから,得点が高くなるはずです。

●動きのポイント

回転のスピードと手の押しがポイントです。回転のスピードさえあれば,脚を開く大きさは自在に変えることができます。

←開脚が早過ぎる

(1)回転のスピードのつけ方

①マットに体を順番に着けます

　後頭部→首→肩→背中→お尻→足上に立つ(順次接触)。

②足の蹴りを使います

　足の蹴りを使うことで前転のスピードが速くなり,立ちやすくなります。

③体を大きく使います

　小さく丸まった前転ではなく,体を大きく使って自らエネルギーを生み出します。

④マットに接地する直前に脚を開きます(運動伝導)

　開脚のタイミングが早いと重心が前に移動しないため,回転がゆっくりになってしまいます。運動伝導の技術を上手に使うために,脚はぎりぎりまで閉じたまま前転を行い,マットに足が着くか着かないかのところで,素早く脚を開きます。

⑵手の着き方
①自分の体の近いところに手を着いて押します

　真上ではなく，前に乗り込んで立つイメージで行います。手を前に着くとつっかえ棒になってしまうので，体の近いところに手を着きましょう。

●練習方法

⑴落差法
〈第1段階〉

　跳び箱の上で，踵をくっつけた状態をつくります。そこから，開脚前転の練習を行い，技の終わりの動きを覚えます。

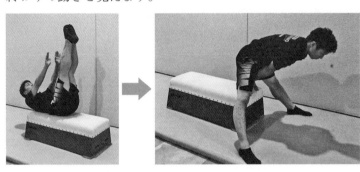

　落差法とは，文字通り落差をつけることによって立ち上がりやすい空間をつくり出すことです。それぞれのレベルに応じて，段階毎の練習を行うことができます。

　落差法（第1段階）では，後半の部分のみの練習でしたが，落差法2（第2～5段階）では，前半の部分も含めて練習を行うことができます。

〈第2段階〉

　マットの下に厚さ30センチのロイター板2枚を向かい合わせにして入れて，30センチの落差をつくり，そこで練習します。

〈第3段階〉

　マットの下に厚さ20センチのロイター板2枚を向かい合わせにして入れて，20センチの落差をつくり，そこで練習します。

〈第4段階〉

　マットの下に厚さ10センチのロイター板2枚を向かい合わせにして入れて，10センチの落差をつくり，そこで練習します。

〈第5段階〉

　マット1枚の落差をつくり，5センチの落差で練習します。

〈第6段階〉

　下には何も入れていないマットの上で開脚前転を行います。

(2)予備的な練習

おしりを浮かす練習　　　　　　　　　ゆりかごからおしりを浮かす練習

開脚座から手を着いて前屈しながらおしりを浮かします。

首倒立からおしりを浮かす練習

落差を使った立ち上がりの練習

傾斜を利用した開脚前転

●補助方法

　真上に立とうとしている児童に対して，前に乗り込んで立つ感覚をつかませるために，両脇をもって，上体を上ではなく，前に移動させます。

(1)指導者のみるべきポイント
□体を大きく使って回転しているか
□マットに足が着く直前に脚を開いているか
□手を体の近いところに着き，起き上がれているか
□手を押すタイミングと脚がマットに着くタイミングはあっているか

●発展

(1)手を着かない開脚前転

開脚と同時に，上体を勢いよく前に出すことがポイントです。

4 伸膝前転

●技課題

前転で膝を伸ばして立ちます。
※前転の前半は膝が曲がっていても立ち上がり局面で膝が伸びていれば伸膝前転です。

●動きのポイント

(1)前屈動作

踵がマットに着く瞬間に手を膝の横に着いてマットを押し離します。マットを押す手の指先は進行方向を向けるようにします。このときに，体を倒しこむように前屈し，最後は前に伸び上がると立ち上がりやすくなります。

(2)伝導技術

脚を大きく投げ出して，踵を着くときにブレーキをかけることで，タイミングよく前屈させれば体が起き上がってきます。

●伸膝前転へのステップ

(1)傾斜を利用した伸膝前転

開脚前転の落差法のように少しずつ傾斜を緩やかにしていきます。

傾斜がなくなるところに踵を着くようにします。

※マットを重ねた場でも落差をつくることができます。

5　跳び前転

●動きのポイント

・空中における体の位置や姿勢の変化を感じること
・立ち上がり局面での足の引き込みとタイミング

●つまずきやすいポイント

「跳び前転」というと，すぐに空中に跳び上がらせる指導が見られますが，これは大変危険です。「跳び前転」は，跳び上がりの局面と跳び下りの局面，それに続く回転の局面に分けられます。跳び上がりを行う前に，跳び上がりのショックを吸収しなめらかに回転する能力を習得することが重要です。

●練習方法

(1) 高い所から片足踏み切りでの前転をする

（跳び箱の1段から始め，2段までで十分）

　はじめは跳び箱の1段の上で前後に脚を開き，マットに手を着いて膝を伸ばす意識で行い，慣れてきたら踏み切るように練習していきます。うまくできるようになったら，2段でも同じように練習します。着手後にからだが二つにたたまれないように十分注意しましょう。手を着いた時にお腹の方に頭を曲げながらもしっかり体を支えることができるか確認します。

(2) 高い所から両足踏み切りで前転をする

　(1)と同じ練習を再び1段から行います。遠くへ跳ぼうとすると前方への回転が不足してとても危険です。両足で踏み切れば，わずかでも空中局面が見られるようになります。安全になめらかに前転に移れる能力を身につけさせることが目的なので，一気に空中局面を大きくしないようにしましょう。

(3) 腹屈頭位（頭をお腹の方に曲げる）をとったまま，壁または肋木で脚を高く上げていき，倒立する

　腹屈頭位をとっても，しっかり両腕で支えることができるか確認するための練習です。倒立ができたら，壁を蹴って体を投げ出してから前転します。

⑷ソフトマットに跳び前転

　最初は，2〜3歩の助走でソフトマット1枚に跳び前転をします。十分に練習をして慣れてきたら，ソフトマット2枚の上に跳び前転をします。これで跳び前転の前半部である助走　→　踏み切り　→　前方への跳び上がりが身につきます。

⑸台上前転（1段から始めて3段までぐらいで十分）

　跳び前転の前半の局面である「助走→踏み切り→空中での前方左右軸回転→着手→なめらかな前転」を完成するための最終段階です。

⑹跳び前転の完成

　台上前転をした時の腰の引き上げ，腕の支えを意識しながら，跳び前転を行います。

6　後転

●技課題

かかえ込みの姿勢で足上に立ち，マットに順次接触しながら後方に左右軸回転をして，再び足上に立ちます。

●これまでの誤った常識　「ボールのように小さく丸くなって回る」

小さく丸くなることで順次接触はしやすいのですが，お尻がかかとのすぐ近くについてしまうと回転のスピードは生まれません。体を後ろに倒しながら膝を伸ばすことによって，脚の長さ分だけ大きく加速することができます。

●動きのポイント

(1)回転加速の技術

前転の時とは逆方向の運動伝導を使うことで，スピードをつけた後転ができます。つまり後転では，膝を曲げた状態から一気に伸ばすことで加速することができるのです。

(2)順次接触の技術

回転力をつけるためには，上体を勢いよく後方へ倒したその勢いを下肢に伝え，腰，背中，肩，頭とマットに順番に接触させることで頭越しのためのエネルギーを作ることが大切です。

【A】では，小さく丸まったまま，後ろにおしりがついていますが，そうすると体に強い衝撃を受けます。しかし，【B】のように上体を後ろに倒しながら腰角を開いておしりをつくとほとんど衝撃がなくスムーズに回転することができます。

【A】　　　　　　　　　　　【B】

(3)頭越しの技術

後転で一番難しいことは，頭越しの局面で頭が邪魔になって回転が止まってしまうことです。その問題を解決するためには，両手でマットを押し，腰角を反動的に広げて頭を抜く空間をつ

くる努力が必要になります。後転ができるためにはこの"頭越しの技術"は大変重要になってきます。これは，(1)や(2)の技術を上手に使い，回転スピードを高めることによって楽に行うことができます。

　前半の回転加速が，比較的うまくいっていると，勢いで頭越しができて後転になってしまうこともあります。しかし，頭越しの技術は伸膝後転で，腰角の開きは体のそり上げに変化して後転倒立へとつながるので，ここでしっかり身につけておきたいものです。

●練習方法

(1)背支持倒立をします

(2)ゆりかごをします

(3)長座から膝を伸ばしたまま後ろに転がって首倒立になります

① ② ③ ④

　この課題は，後方への回転加速ができるようになることと頭をお腹の方へ曲げるための柔軟性を高めることの二つねらいがあります。背中を支えなくても首倒立ができるように，②～③にかけて上体を後ろに倒し，勢いを生み出すのがポイントです。

(4)しゃがみ立ちから後ろに転がる

① ② ③ ④

　膝を全部曲げて，かかとに接触するくらいおしりを近づけます。おしりがマットについたら④のように腰角を大きく開きながら，後方へ転がります。③のポーズのまま体をまるめて転がらないようにするのがポイントです。

(5)腰の下ろす位置をかかとから離れたところについて転がる

(6)跳び箱（腰より少し高い高さ）に仰向けに寝たポーズから後方に回転して立つ

　後転が難しいのは，首がひっかかってしまうからです。したがって，首を避けた後転を行えば後ろに回ることができます。後方に転がる時に頭が邪魔にならないような場で，頭越しをする感覚をつかむのがこの課題のねらいです。

　まず，跳び箱の端に首の後ろを置き，頭部を跳び箱の外に出し跳び箱の上に仰向けになります。そして，両手は跳び箱の両端をしっかりつかみ，脚をすばやく引き寄せて回転します。はじめは，膝を曲げて引き寄せ，慣れてきたら膝を伸ばして行いましょう。

　足の引き寄せのスピードが足りず横にずれてしまう場合の配慮として，あらかじめ両側に補助者を立たせたり，着地のマットにスポンジマットを置いたりしておくと安心して取り組むこ

(7)跳び箱（膝の高さ）に仰向けに寝たポーズから後方に回転して立ちます

　跳び箱の高さが低くなっているので，③の頭越しをする際に両腕をしっかり突っ張り頭を起こす空間をつくります。④の時に足上ではなく，膝で着地してしまう原因としては頭越しをする際に両腕をしっかり突っ張ることができていない場合が多いです。

① ② ③ ④

(8)肩越しの回転をする
①長座から肩越し回転します

　上体をいったん前に倒して，その反動で後ろに勢いよく倒します。このとき頭を横に倒して，正中線から頭を外して転がります。左肩越しで行う時には，頭を右に傾け，左腕は横に伸ばして転がり，膝で着地します。

②しゃがみ立ちから後方に回転を始め，肩越しをしてしゃがみ立ちになります

　しゃがみ立ちから腰のおろし方によって生まれた後方への回転スピードを利用してまたしゃがみ立ちになるようにします。肩越しの時には一方の手は横に伸ばしておき，もう一方の腕は曲げて支えに利用します。慣れてきたら，終わりのしゃがみ立ちの時の足の幅を少しずつ狭くしていき，開始の時と同じようなしゃがみ立ちになることを目指していきます。

2章　技の解説と指導のポイント　◆　47

⑼ **腕組みをして後転する**

　後転において一番邪魔な首を腕の中にしまってしまえば，簡単に後転できます。そこで，両手を頭の上に置いて亀が甲羅の中に顔を入れたような状態にします。この方法であれば首に負担もかかりません。「加速をすること」と，「腕の押し」だけを意識すれば，自然と体も起き上がってきます。

⑽ **パンチ（拳をついて）後転する**

　手のひらを耳の方に向けて，げんこつを作ります。首が引っかかる直前に「パンチ」をして，首を抜く空間をつくり，後転をします。こぶしをつくって突っ張ると押しの感じがつかめる利点と，肩帯近くで使える利点があります。

　パンチをした際には，あごも一緒に上げることで後転しやすくなります。また，「パンチ！」と声を出すことでシャウティングの効果も期待できます。

　腕組みをした後転の場合，横への曲がりが出にくい状態でしたが，ここでは左右同じ力で押すようにしないと，後転が回ってしまいます。

⑾ **手と足が同時にマットに着かないようにして後転する（手のひらで押す後転練習）**

　回転の速度と手による押しが適切にでき頭を綺麗に抜くことができれば，技の後半にマットを手で押して，手がマットから離れてから足を着く後転ができるはずです。そのためには，きちんと加速をしてから頭が触れるよりも早く手を着き，下半身の動きに合わせてタイミングよく腕をグッと伸ばしましょう。

7　開脚後転

● **技課題**

かかえ込み立ちから後方に接触回転をしながら開脚し，膝を伸ばした開脚で立ちます。

● **動きのポイント**

素早い脚の開きと，両手でのマットの押しがポイントです。

●練習方法　マットで段差をつくっての練習

　この場だと，頭の位置よりも足の位置が低くなるため，押す力が軽くても立つことができます。また，平らなところで行うよりも，空間的にも時間的にも脚を開くための余裕があります。段差を少しずつなくしていき，平らなところでもできるようにします。

8　伸膝後転

●これまでの誤った常識

　「すべての経過で膝を伸ばして回転しなければならない」ということはありません。
　かかえ込み立ちから後方に接触回転をし，立ち上がる際に膝を伸ばした閉脚で立ち上がればよいのです。膝を完全に伸ばした直立状態から行う伸膝後転もできますが，それはより高度な発展技ということになります。

●動きのポイント

　膝を伸ばして着地するため，後転のときよりも腕を伸ばし，腰の位置を高くする必要があります。このとき，腕だけに頼るのではなく，腰を反動的に伸ばし，体を上昇させ，腕を伸ばしやすくするのがポイントです。

足を上に引き上げて，急にブレーキをかけることで，下体から上体への運動伝導を行います。

●練習方法

(1) 四つん這いの姿勢から両手を少しずつ引き寄せて足の上に立つ

両腕の支えと前屈をねらいにした練習です。

四つん這いの姿勢から腰を高くし，膝を曲げないようにしながら少しずつ両手交互にまたは，両手同時にはねて足の方に近づけていきます。重心が足の上に乗るまで続けてマットから手を離します。

(2) 両腕・両脚を曲げた支持臥せから，同時に伸ばして腰を釣り上げ，膝を伸ばしたまま立つ

腰を釣り上げる技能を養うのをねらいとした練習です。

頭を背中の方に反らせた方が腕で支えやすいのですが，それとは逆のお腹の方へ曲げても腕で支えることができるようにします。

(3) 開脚後転から少しずつ，脚の開きを狭めていく

開脚後転の足の幅を狭くしていき，腰の位置を高くしていきます。

(4) 膝を曲げないで後転する（足が着いた時にマットに手が着いていてもよい）

はじめは，足が着いた時にマットに手が着いていてもよいのですが，腰の位置を高くすることで，手と足の着く位置を少しずつ近づけていき，足が着いたらすぐに離れるようにします。

下の写真のように足の着いた位置が遠すぎで足上に立てない時には，何回で手を移動させてマットから手を離すことができたかで動きの高まりを確認することができます。

●補助方法

振り上げた脚を急に止めることでブレーキがかかり，反対に腰が引き上げられていく感覚をつかむために，補助者は脚を振り上げて腰を伸ばす時に，腰を引き上げます。

9 後転倒立

2章 技の解説と指導のポイント ◆ 51

●練習方法

(1)遠くに着地

かかとから離れたところにおしりをつけて十分に回転加速をし，スピードのついた足先を腕を伸ばしながら遠くに着けるようにします。勢いよく膝を伸ばしながら遠くに着地させます。

慣れてきたら，いったん空中で体を反らせてから，足がマットの上に降りるようにすると次のステップにつながります。

(2)腰を反らせる

両手でマットを押しながら体を一気に反らせます。

① ② ③ ④ ⑤ ⑥

頭越しの局面で体の反り上げを始めます。③の時は脚をどこで振り上げることができるのかを確認できます。どのタイミングで脚を振り上げればいいのかをつかむのが，この練習のねらいです。

③から④にかけて体の反り → 重心の上昇 → 腕の伸ばしの順番になるようにします。腕の伸ばしが先にきてしまうと，腕は当然伸ばしにくくなりますし，足の振り上げる方向も狂ってきてしまいます。

(3)補助による後転倒立

脚が上がってきたら，両側から片膝ずつもって引き上げます。

はじめは，補助者に引き上げてもらい，後ろに転がってから倒立になるまでの感覚を確認します。脚の振り上げと腕の伸ばしのタイミングに注意を向けながら行い，補助者の引き上げる力が少しずつ少なくなるようにしていきます。

10　壁倒立

●壁倒立へのステップ

(1)しゃがんだ姿勢から

　手の平一つ分，壁から離れたところに両手を置きます。

　壁に頭をつけます。後頭部ではなく，頭頂付近を壁につけます。

　脚が上がらない時には，お尻を壁にぶつけるイメージで地面を蹴り上げてみましょう。

　落ちるような下り方を防ぐために，下りる時は，片足ずつ下ります。

　※　三点倒立ができる場合には，頭の下に二つ折りにしたざぶとんを置いて，壁倒立を行います。一枚ができたら二枚というふうに増やしていき，肘が伸びたところまでできたら，ざぶとんなしで行ってみましょう。

11　頭倒立

　両手を肩幅くらいに着き，頭を手の着いた位置の三角形の頂点になるように着いて両足をゆっくり上に伸ばし，逆さ姿勢になります。

●頭倒立へのステップ

　片足を上げて四点倒立をします。それができたら，地面に着いている足を持ち上げて両脚を真上に伸ばします。

12 倒立

(1)　　　　　　(2)

●動きのポイント

(1)上体倒し，(2)脚の振り上げ動作，(3)もう一方の脚の蹴りの三つが大切です。

(1)上体倒し（第1の加速）
・両腕を上方に高く構える。
・前足を踏み込みながら，勢いよく上体を倒す。

(2)脚の振り上げ動作（第2の加速）
・踏切足とは反対の足（写真では右脚）を素早くスイングすることで，上体に勢いが伝わるようになります。

脚の振り上げで第2の加速　　　後ろ脚の蹴りで第3の加速

(3) もう一方の脚の蹴り（第3の加速）

　最後に地面を蹴る脚（写真では左脚）で強く地面を押すことで上体への勢いがさらに増します。

　(1)上体倒し　→　(2)脚の振り上げ　→　(3)もう一方の脚の蹴りの順序が変わってしまうと，まったくスピードが出ません。この順番通りに行うことが大切です。

(4) バランスのとり方

　指は開いて，指，手首，肘，肩を使って倒立を止めます。
　重心が少しだけ前にかかったら，指先の第一関節を浮かせて指先に力を入れてふんばります。
　体が少しだけ後傾したら，肘を少しゆるませ指先を浮かせます。
　あごを上げて倒立をすることで，腕に力が入りやすくなります。（緊張性頸反射が起きる）

●練習方法

(1) 正座で両手をそばに着き，腕だけで体を浮かしてから腕立て伏せの姿勢になる

倒立は両腕で支えることになるので，少しずつ手首の柔軟性を高めたり，負荷を加えたりしていくことが大切です。これはその練習の一つです。

(2) 台上に足を乗せた姿勢から両足で踏み切って，足打ちをする

この練習は胸をそらさないで上体と腕を一直線にするねらいがあります。できるようになったら，台がなくても2〜3回足打ちができるようにしましょう。

(3) 足を持ち上げてもらった時に体をまっすぐにして両腕で支える

①〜③のように少しずつ足を高くしていきますが，その際に体が弓なりに反らないようにします。②または③のポーズで前後に動いてもお腹が落ちないようになることを目標にします。

(4) 台上から片足を振り上げて倒立する

台上に足を乗せ，上体が最初から倒立に近い体勢から倒立の練習をします。

①では，手の付き方や腕の保ち方を意識しながら，静かに振り上げ脚を引き上げます。

②では，一方の脚は倒立ポーズにしておき，踏み切り脚を上げます。

③では，補助者に両足首を持ってもらい，姿勢保持の練習をします。

●補助方法

(1)補助倒立（補助者1人）

・補助者は脚をつかまえたら真向かいに立って，相手を支えてあげます。

(2)補助倒立（補助者2人）

・補助者は前ではなく，横に立ちます。
・振り上げ足側の人は，上がってくる途中で脚を捕まえます。

●発展

(1)倒立歩行

　安全な倒れ方から練習すると安心して重心を移動できます。前に倒れそうな時は、ブリッジの姿勢になるように脚から着地し、横にバランスを崩した場合は、体を4分の1ひねり側転のようにして着地するとよいでしょう。

13　倒立前転

●動きのポイント

　倒立から前転を行うときの難しさは、いかにショックを吸収するかにあります。そのために、ここで重要になってくるのは、倒立する技術に加えて"着手の技術"です。この着手の局面では、両腕による支えの機能が重要です。

　倒立を行うときには、きちんとマットを目で捉えておくと緊張性頸反射が働き、腕に力が入ります。

倒立姿勢から前転を行う時には，頭を腹屈（あごを引く）して背中を丸めて次の回転に備えます。そのとき，腕を徐々に曲げていきショックを和らげるようにします。

●練習方法

(1)背支持倒立からの前転

(2)壁を足で上って逆壁倒立から前転

14　側転

「前転」，「後転」はだれでも知っていますが，「側転」というと後で出てくる「腕立て側転」

のことだと思っている人が多いようです。「前転」，「後転」は左右軸上の接触回転系の技ですが，この「側転」は前後軸上の接触回転系の技です。

●技課題

回転方向線上に開脚立ちし，そこから前後軸上の接触回転し，再び開脚立ちします。

●動きのポイント　側転の三つの技術

①回転開始の技術：回転とは反対方向に体を振り込みます。

②回転加速の技術：振り上げ脚から踏み切り脚への運動伝導を利用します。

・振り上げ脚を大きく回転方向に振り込み，脚の開脚度を大きくする
・大きかった脚の開脚度を一気に小さくする

③立ち上がり技術：足首を深く曲げて，足の指からマットにつきます。

15　川跳び側転

●動きのポイント

手の平に腰を乗せ，腕とマットの角度が90度になるようにします。膝を曲げると長さが短くなり，バランスがとりやすくなります。

●練習方法

(1)小さな川跳び

小さな川を連続で跳び越えながら，前に進んでいきます。

(2)跳び箱をつかった川跳び

マットで行うよりも，頭の位置を下げることがないため，恐怖心が少なくなりますが，その分，踏み切りを強くして腰を持ち上げるようにします。

16　側方倒立回転（腕立て側転）

1　　　2　　　3　　　4　　　5

●これまでの誤った常識

「横向きでスタートし,横向きで立ち上がらなくてはならない」は誤りです。

側転という言葉から,側方倒立回転を①のような進行方向に向かって体を真横にした姿勢(足も真横)からスタートし,横向きで立ち上がらなくてはならないものだと思っている人が多くみられます。

しかし,①のような状態から腕立て側転をするのは,②の写真からわかるように股関節の構造上不可能です。足を進行方向に向けると手は着きやすくなります。同様に,立ち上がる時も最初にマットに着く足の足先が進行方向の逆を向いていると(おへそも下向き)だと,立ちやすくなります。

① ②

●動きのポイント

(1)回転加速の技術(1〜3の局面)

・横からではなく,正面から倒立をするようにはじめます。そのため,踏み出し足は進行前方を向くようになります。このとき踏み出し足の左右を間違えてしまう場合がよくあります。必ず倒立の際の踏み出し足と同じにさせてください。

・倒立をするときの技術と同じように,上体倒し,振り上げ足,蹴り脚の三つを効果的に使って回転スピードをかけることが大切です。

・左足を前ではじめる人は,先に左手を着くことになります。そのときに左手は進行方向に対して直角に着きますが,次に着く右手は進行方向とは逆向きに着くようにします。

2章 技の解説と指導のポイント ◆ 63

(2) 立ち上がりの技術（3～4の局面）

- 立ち上がる局面のときに，右手のスナップを使ってマットを力強く突き放すことで立ち上がりやすくなります。
- 足は同時に着くのではなく，右足が着いてから，次に左足が着きます。
- 両足がマットに着いた際には，おへそは下を向いている姿勢になっています。

※お手本となる動きの踏み出し足が右足の場合，子どもたちの多くがそれを真似て行います。しかし，子どもによっては踏み出し足が左足の方がやりやすい場合もあるので，それぞれの子どもにとってやりやすい足で踏み出すことを伝えることが大切です。

●練習方法

(1) 川跳び側転

両側から行い，やりやすい方向を見つけましょう。

このときは，両脚で踏み切り，両手で着いて，両脚で着地でかまいません。

(2)跳び箱を使って

　跳び箱を使うことで，着手の位置を意識でき，マットに向かって行う時よりも頭を下げずに行うことができるので，自分の動きをより意識できます。

　写真のように跳び箱を使い，「足（踏み出し足），手，手，足（着地），足（着地）」の腕立て側転のリズムでの練習をします。この練習で腕立て側転の感じをつかむことが大切です。

(3)壁倒立をして横に片足ずつ立つ

　　第1段階　壁倒立をして，まっすぐ後ろに片足ずつ下ります
　　第2段階　壁倒立をして，ななめに片足ずつ下ります
　　第3段階　壁倒立をして，真横に片足ずつ下ります

　　　　　　　第1段階　　　　　　　　　　　　　　　第2段階

第3段階

(4)補助による練習
①腕立て側転の感じをつかみます

補助をしてもらい,腕立て側転の感じをつかみます。

②回転加速の技術→横向き倒立→着地

回転加速の技術である,上体倒し,振り上げ足,蹴り脚を意識して倒立を行います。補助者がそれをキャッチした後,写真の場合は右手を横に移動し,横向きの倒立になります。最後に右足をマットに下ろして立ち上がります。

(5)補助なしで横向き倒立から着地する

踏み切り足を進行方向に向けて倒立した後，右手を横に移動し，右手の方を向けて右足，左足の順に足を下ろします。

(6)勢いよく脚を振り上げて側方倒立回転をする

●発展技　ロンダート

腕の強い突き放しから後方に90度ひねって着地します。

かかとが地面からできるだけ遠いところで足をそろえるようにして体を大きく伸ばします。側転は片足バラバラに下ろしますが，ロンダートは両方同時に下ろします。

(1)ロンダートへのステップ
①腕立て側転の後に着く方の足をできるだけ，前に着いた足のそばに着くようにする
②同時に脚を下ろすようにする
③同時に脚を下ろす時に，腕の強い突き放しを行う

17　前方倒立回転

(1)前方倒立回転へのステップ
①ブリッジ
　　補助による押し上げをして，腰の位置を高くするようにします。また，片足を上げることで，肘の伸びた，腰の位置の高いブリッジになります。
②倒立（55ページ）
③倒立ブリッジ（68ページ（下））
④前後に揺らした反動で起き上がります。

(2)倒立ブリッジ
　　背中を反らし，脚を倒しながら，肩を手前に引きます。腕をしっかりと伸ばし，足を肩幅ぐらいに開きしっかり着きます。

(3)倒立ブリッジへのステップ

①背中を手のひらで支えてもらいながら，倒立から片足ずつ下ろします。
②慣れてきたら背中を手のひらで支えてもらいながら，脚を下ろす間隔を小さくしていきます。
　脚を下ろす時に，お腹の方ではなく，地面の方を見るようにします。

●発展技　前方倒立回転跳び

ホップと手のジャンプ，脚の振り上げと蹴りによる回転加速が大切です。

(1)前方倒立回転跳びへのステップ

①ロールマットを使って腕を突き放すタイミングを見つけます。
　床を見つめながら行うと，体が反りやすくなります。

　前方倒立回転から発展させるステップの他に，前方倒立回転跳びまでの道筋として，勢いのある倒立からの落差を利用して立つ方法や側方倒立回転跳び前ひねりから発展させる等があります。

18　首はね起き

1　　　　2　　　　3　　　　4　　　　5　　　　6

　前転を行うように回転し、肩がついたら斜め前方に向かって腕と腰を伸ばし、体を反らせながらはね起きます。

(1)首はね起きのステップ

① 　上の写真の2のような姿勢をつくります。
② 　①の姿勢から足をはねあげ，ブリッジになります。
③ 　②のブリッジに着地寸前，手で床を押して，上体を起こして立ちます。
※ 　床を押すのが早すぎると立ち上がることが難しくなります
　寝転んだ時の腰の位置に足を着けるイメージで行うと体が反りやすくなります。着地が遠くになると，足に重心がかからなくなり，立ちにくくなります。
　立ち上がることができない段階では，足が地面に着いてからお尻がマットにつくまでの時間が少しでも長くなるようにします。立てるようになった段階では，お尻の位置がより高くなるように練習しましょう。

(2)首はね起きの補助

　128ページのKippeをご覧ください。

●発展

・腕を組んでのはね起き

19 頭はね起き

　頭は前頭部をつけるようにします。手で床を押しながら，背中を反らせ脚を進行方向へ向けます。

(1)頭はね起きのステップ
①三点倒立
②ブリッジ
③三点倒立からブリッジ
④ゆっくり頭はね起き（1～4の動きを腰の位置を意識しながらゆっくり行う）
　　腰の位置を頭部より前方に出してから，狭めていた腰角度を一気に開き，背中を反らせて着地する（4～6）

　はねがうまくできない場合には，その原因としてはねる前に腰が上に上がっているか，腕の力だけでなく体全体ではねようとしているか，遠くにはねすぎていないか確認してください。

鉄棒運動

1　鉄棒運動の種類

　鉄棒を支持しながら，前に回転する技を前方支持回転群，後ろに回転する技を後方支持回転群に分けることができ，さらに腰を掛けるのか，足を掛けるのかで分けることができます。

　また，上がり技，支持回転技，下り技に分けることもできます。連続技を行うときには，上がり技→支持回転技→下り技の順番で行うことが一般的ですが，学習する順番もその順番にする必要はないと考えます。たとえば，名前が似ている片膝掛け回転は膝掛け上がりよりも容易にできる子どもが多いため，上がり技である膝掛け上がりよりも先に片膝掛け回転が指導要領解説に示されていることがあげられます。

学年	1・2学年	3・4学年		
			5・6学年	
段階	運動遊び	基本的な技	発展技	さらなる発展技
上がり技	支持しての上がり，下り	膝掛け振り上がり 補助逆上がり	膝掛け上がり 逆上がり	もも掛け上がり
支持回転技	ぶら下がり	かかえ込み前回り 前方片膝掛け回転 かかえ込み後ろ回り 後方片膝掛け回転	前方支持回転 前方もも掛け回転 後方支持回転 後方もも掛け回転	前方伸膝支持回転 後方伸膝支持回転
下り技	易しい回転	前回り下り 転向前下り 両膝掛け倒立下り	片足踏み越し下り 両膝掛け振動下り	横跳び越し下り

2　授業を行う前に

(1)鉄棒運動の「ここ」を観る

①肩角

　上腕と上体とでつくる角度のことです。この角度を観ることで，技が上手にできているかわかります。

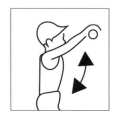

②鉄棒の握り方

　技によっては，握り方によって，やりやすさに大きな違いがでてくる技があります。ここでは代表的な4つを紹介します。

③回転の半径・頭，それを決める目線

　前方支持回転の「はじめは大きく」「真下から小さく」のように握り棒を回転の中心とした半径や大きな質量がある頭を上手に使うことで回転の勢いを調整することができます。半径を大きくしたり，頭をお腹の方に曲げたりするためには，目線も大切です。

(2)学習を進めていく上で覚えておくと便利な言葉
①鉄棒の部位の名称
・握り棒（シャフト）：手で握る部分
・支柱（主柱）：握り棒を支えるための縦棒

②拇指対向性

　拇指（親指）が他の4指と離れており，かつ両者の指腹を向かい合わせられることです。霊長類の特徴の一つで，これによって木の枝を握って移動することが可能となりました。

　鉄棒運動でも，この特徴をいかし，人差し指のとなりに親指をくっつけるのではなく，人差し指と向かい合うように，握ることで，安全に運動することができます。

(3)鉄棒運動に抵抗がある子どもへ
①力が入って堅くなっている子どもへ

　体を支えてあげることで，肩の力を抜かせるようにしましょう。3年生以上でも固定施設を使った運動遊びを行い，鉄棒運動に必要な感覚を養ってから取り組ませましょう。

②痛いイメージをもっている子どもへ
　補助具を工夫して抵抗を取り除きましょう。

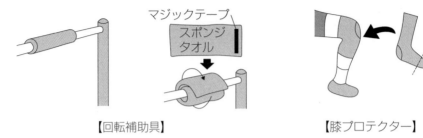

　　　　　　　【回転補助具】　　　　　　　　　【膝プロテクター】

回転補助具：市販のものもありますが，タオルにマジックテープを貼り付けたものでも代用が
　　　　　　できます。
膝プロテクター：古くなった靴下のつま先を切って膝まで通します。

③振りや蹴りのタイミングが合わない子どもへ
　動きのリズムと力を入れるイメージがはいった「オノマトペ」を利用して行ってみましょう。
【逆上がりの例〜「ギュッ」「ピタッ」「クルン」〜】
　「ギュッ」っと肘を曲げ
　「ピタッ」っと鉄棒におへそをつけて
　「クルン」とリズミカルに回る。

　この他にも「空」のように視線につながる言葉を間に入れたり，動きを表す「伸ばして〜」
「曲げて〜」といった短い言葉を入れたりしてリズムをとることも効果的です。

【後方片膝掛け回転の例〜「カチッ」「空」「シュッ」〜】
　「カチッ」と鉄棒に膝をはめて
　「空」を見て体を倒し
　（後ろのフェンス（壁）が見えたら）
　「シュッ」と伸ばした足をフェンス（壁）の方へ

【かかえ込み前回りの例「伸ばして〜」「曲げて〜」】
　だるまの姿勢でタイミングよく「伸ばして〜」「曲げて〜」と声をかけながら，膝の曲げ伸
ばしにより揺れを大きくしていくと，そのまま回転につながりやすくなります。

鉄棒を使った運動遊び

　鉄棒を使った運動遊びでは，鉄棒を使って，①手や腹，膝で支持したり，②ぶら下がったり，③揺れたり，④跳び上がりや跳び下りをしたり，⑤易しい回転をしたりして遊びます。ここでは，鉄棒を使っての運動を取り上げていますが，ジャングルジム，雲梯，登り棒などを使い，ぶら下がったり，体を振ったり，前や横に移動したり，逆さになったり，回転したり，下りたりするなどのさまざまな動きを経験しながら下のような鉄棒運動で必要な感覚を養っていくことが大切です。

鉄棒運動で大切な感覚
① 腕支持感覚：腕で体を支える，手の力を入れる・抜く感覚
② 逆さ感覚：頭を下にしてバランスをとる感覚
③ 振る・揺らす感覚：スイングを始める，スイングの振り幅をコントロールする感覚
④ バランス感覚：空中で姿勢のバランスをとる感覚
⑤ 回転感覚：体を使って回転する感覚

　はじめは，緊張したり，高さへの恐怖心があったりする場合，腕に力が入り過ぎてしまいますが，いろいろな姿勢で支えたりバランスをとったりする中で，余分な力が抜けた自分の体に合った支え方ができるようになってきます。

1　支持・向きかえ

　鉄棒の上で向きを変えることで，バランス感覚や力の入れ方や抜き方を養います。

(1) 正面支持から背面支持

　正面支持から左脚を前に出し，左手を脚の外へ持ちかえます。
　バランスをとりながら，ゆっくり右脚を前に出し，右手をそっと離して持ち替えます。

(2) **背面支持から前面支持**

　右手を逆手にして，右手側の鉄棒を見ながら左手を離し，上体を回して左手で右手横の鉄棒をつかみ，体全体を回します。

(3) **地球回り**

　両手を交差させ，順手と逆手で握ります。膝をはずし，ねじれた手を戻すようにして回し，再び膝を掛けます。

2　ぶら下がり

(1) **ふとんほし**

(2) ぶたの丸焼き3種

ぶたの丸焼き

ぶたの丸焼き(片手離し)

ぶたの丸焼き(片手片足離し)

(3) 膝掛けからの……

両膝を掛けて,両手で鉄棒をつかんでから,いろいろなポーズをします。

つるしがき

お絵かき

コウモリ

(4) 発明技

やきとり

テレビ

ゆりかご　　　　　　　　　　　カメレオン

3　揺らし・振り

だるま振り　　　　　　　　　　　　　両膝掛け振り

片膝掛け振り　　　　　　　　　　　こうもり振り

4　跳び上がりや跳び下り

　つばめ→つばめから振る→つばめから後ろに下りる→つばめから大きく（1mくらい）後ろに下ります。

5　易しい回転

回転する感覚を身につけ，振り動作の作り方と簡単な振り動作の調整ができるようにします。

(1) ふとんほしもどり

体を前後に揺らしてから，鉄棒を持って元の姿勢にもどります。

(2) 前回り下り

(3) 足抜き回り

地面を蹴って腰を浮かします。膝を曲げ足裏を鉄棒下に向け，足を抜いて下ります。
できたら，逆もやってみます。

3～6年生の鉄棒運動

1 基礎感覚や能力の確認

鉄棒運動に対する経験を観るための運動を紹介します。

(1)跳び上がり下り

確認ポイント：手首の握りかえ，腕支持感覚

上に跳び上がったときに手首が返っていないと跳ね返されて腕立て支持になれません。そこで，手首の握りかえを意識して10回跳び上がります。

(2)前回り下り

確認ポイント：逆さ感覚　回転感覚

はじめ，足は曲げておき，上手に回れるようになってきたら膝を伸ばしていきます。
体をしっかりと鉄棒に巻きつけるようにして回ります。

(3)ぶら下がり10秒

確認ポイント：振る感覚

腕を伸ばし，ぶら下がった状態をつくり，前後に体を振る。できたら，逆手でぶら下がり10秒を行います。

2　かかえ込み前回り（かかえ込み前回り→前方支持回転→前方伸膝支持回転）

●練習方法

(1)だるま振り

2章　技の解説と指導のポイント　◆　81

(2)だるま前回り下り

膝の曲げ伸ばしを意識して行います。

頭が鉄棒の下から上がってくるときに膝を曲げて、回転加速を得るようにすると頭が鉄棒の真上を越えて前へ回り出してきます。

(3)ツバメのポーズからかかえ込み前回り

前に乗り出すようにして回転を開始します。頭が下がり、腰が鉄棒にかかり出したところで素早くももをつかみ、かかえ込み前回りの姿勢をつくります。

●補助方法

補助者はふとんほしになった児童の脚側に立ちます。鉄棒の下から手を伸ばして背中、腰を支えます。ゆれに合わせて「イーチ、ニー、サン」と体を持ち上げて回転を助けます。本人と3回目（「サン」）のゆれで回すことにしておくとよいでしょう。

3　前方支持回転（かかえ込み前回り→前方支持回転→前方伸膝支持回転）

① ② ③

●動きのポイント

①回転開始の技術→はじめは大きく
②回転加速の技術→真下から小さく
③手の握りかえ技術→最後に手を握りかえて

(1)はじめは大きく（回転開始の技術）

　大きな位置エネルギーを発生させるために，①の写真のように膝を曲げて回転軸を固定してから，腕を伸ばし，胸を張ってあごを上げ，鉄棒から頭をできるだけ遠ざけます。
　前に回ろうとすると，すぐに身体を丸めてしまったり，あごを引いてしまったりする人がいます。しかし，丸くなってしまうと，頭の位置が低くなり，位置エネルギーがなくなってしまい，回転力が小さくなってしまいます。
　写真の②の位置がちょうど真下にあたるので，その直前までは，あごを上げ，胸を張り，腕も伸ばした状態を維持しておきます。〈鉄棒の真下まで最初の姿勢を維持〉

(2)真下から小さく（回転加速の技術）

　体が真下にきた瞬間に，一気に体を縮めます。サッカーのヘディングをするときのように，思いっきり，そして素早く行います。

(3)最後に手を握りかえて（手の握りかえ技術）

　回った後，③の位置で最後に手を握りかえることで，再び腕立て支持になることができます。

●前方支持回転へのステップ

⑴ふとんほし
両手を離して脱力したり，体を揺らしたりしてみます。

⑵前回り下り（鉄棒の真下に着地）
回転力がつくと，下りる場所が後ろになってきます。

⑶前回り下りが連続してできる（5秒間に3回）

⑷かかえ込み前回りが連続してできる

●補助方法

両サイド前に立ち，内側の手で，回ってくる太ももを押さえます。
　相手の左側に立って補助をする場合，右手は背中を押さえ，回転しやすいように補助をします。左手で左足のふとももを押さえ，足やお腹が鉄棒から離れないように補助をします。

4　膝掛け振り上がり（膝掛け振り上がり→膝掛け上がり→もも掛け上がり）

●動きのポイント

振り下ろす脚を伸ばして大きく振ります。脚は鉄棒を越えるように大きく振り，脚を振りおろすタイミングで腕を軽く曲げ，肩を上げます。最後は，手首を返して鉄棒を押します。

●補助方法

補助者は手を脇に入れて，軽く支えてあげます。片側からだけでも行えますが，両側から支えてあげると，より安心感をもって取り組むことができるでしょう。

●発展

(1)両膝掛け上がり

両膝を掛けて前後に数回振ってから上がります。それができたら，懸垂振動から両腕の間に脚を通して上がります。

2章 技の解説と指導のポイント ◆ 85

5　膝掛け上がり（膝掛け振り上がり→膝掛け上がり→もも掛け上がり）

●これまでの誤った常識

　足掛け上がりというと，上の写真のようなイメージをもつ人が多いですが，①上がりの回転方向，②脚を掛ける場所，③脚の掛ける部位，④脚の掛け方，⑤バーの握り方に分けると何種類にも分けることができます。

①	②	③	④	⑤
上がりの回転方向	脚を掛ける場所	脚の掛ける部位	脚の掛け方	バーの握り方
前方回転 後方回転	外掛け 中掛け 大外掛け	膝 もも 足裏	右足 左足 開脚 閉脚	順手　逆手 片逆手　大逆手※ 片大逆手　腕交差

※大逆手：鉄棒を正面に腕を内側にひねりきってバーを下から握る

●動きのポイント

　踏み込み前振りの技術，切り返し技術，足を通す技術，上がりの技術が不可欠な技術になります。

(1)踏み込み前振りの技術

　ねらいは，腕が伸びたまま前振りができることです。4～5にかけて肩角を開いて胸を張るようにして前に乗りだし，前に挙げた足を下ろして立ちます。慣れていきたら素早くできるようになることを目指して行います。

(2)切り返し技術

　一見，前振り（A）と前方膝掛け回転の一部（B）を合わせた技なので，A＋Bと考えられそうですが，Aは後方回転，Bは前方回転であるため，膝掛け上がりには回転方向を「切り返す」という独特な技術が必要とされます。つまり，A＋「切り返す」＋Bとなります。

　二つの切り返し方法があります。

①反動型切り返し技術

　1～2の前振りのときには肩角を180度に保ちます。

　3で体を弓なりに反って，その反動で4のように体を折り曲げて膝掛け動作に入ります。このときに握りが外れにくいように手首を折り曲げておきます。また，すばやく方向を切り返すために肩周りとお腹を緊張させておきます。

②振り上げ型切り返し技術

　1～2の踏み込み動作は反動型と同じです。2で左足をしっかり踏み込んで，右足を前上方に高くはね上げ（3），このとき足をすぐに棒の方に引き寄せないで，前上方向に保ち，その振り戻りで4の足を引き込み入れます。3のとき，頭を背中側に傾けることで，足が前方向に振り上げやすくなります。

(3)足を通す技術（中掛け）

　腰を低く保ち肩角を大きくして足を通します。次に足を内転させます。

(4)上がりの技術

　足を通した後，バーの上に上がるために「膝掛け」「握り直し」が重要です。

①膝掛け

　両腕を曲げないでバーを下に押さえるような力の入れ方をして，脚を上げていき，3の時に一気に曲げるようにします。

　　1　　　　　2　　　　　3　　　　　4　　　　　5

②握り直し

　指先だけの握りになっているのを手の平の方に移し変える操作をします。この握り直しがないと手首が折れ曲がって支持するのを妨げてしまいます。

●練習方法

(1) 腕の引き寄せの感覚をつかむ

　2人組で行い，両腕を伸ばしたまま，体側につけるように引き寄せます。もう1人は，上に向かって力をいれて抵抗を加えます。

(2) 順手懸垂からバーにふれずに，脚を両手の間に入れる

　足の入れと抜きの姿勢の確認をすることがねらいです。背中を丸めるようにして腰角を大きく保ち，膝を曲げて足を入れます。慣れてきたら，できるだけ膝を曲げないで行います。

(3) 踏み込み前振り

　ねらいは，腕が伸びたまま前振りができることです。前に踏み込みながら肩角を開いて胸を張るようにして前に乗りだし，前に挙げた足を下ろして立ちます。慣れてきたら素早くできるようになることを目指して行います。

(4) 踏み込み前振りから，反動型切り返し技術または，振り上げ型切り返し技術によって足裏をバーに掛ける

　腕の曲がりがないように注意して行います。

2章　技の解説と指導のポイント　◆　89

(5) 反動型（または振り上げ型）の切り返し技術を使っての足入れ

● **発展技　もも掛け上がり**

足を通したら，一気にバーを大腿部の上までもっていくようにします。

6　逆上がり（逆上がり→かかえ込み後ろ回り→後方支持回転）

● **これまでの誤った常識**

「筋力がないとできない」は誤りです。

　小学校で行われる低鉄棒の逆上がりは，後方回転の要素が強いため，あまり筋力に頼ることなく回転力を利用してできます。極端にいえば，腰の高さの低鉄棒で行う逆上がりは上の方向への移動の要素がほとんど消えてしまい，後方支持回転と同じになります。

同じ逆上がりでも，高鉄棒と低鉄棒ではぜんぜんちがいます。
○高鉄棒の場合
　高鉄棒に懸垂した体勢から上方に移動し，腕立て支持の体勢になること
　→体を上方に引き上げる筋力が必要
○低鉄棒での逆上がり（踏み切り逆上がり）
　片足を大きく振り上げることによって後方回転を助け，踏み切りによって上方に移動し，腕立て支持の体勢になること
　→脚の振り上げと踏み切りの力を利用して回転することができる

●動きのポイント

(1)肩角減少の技術

　踏み切り逆上がりにおいて，欠かせないのが肩角減少の技術です。
肩角を減少させるために以下の二つを利用することができます。

①腕屈伸
②振り上げ足と踏み切り足　　肩角減少

①腕屈伸

　肘を曲げて，まず上腕だけを体側にもちこみ，次に前腕を体側にもちこむような2段構えで肩角を減少させると小さな力で行うことができます。

②振り上げ足と踏み切り足

　大切なことは，足の振り上げによって後方回転が始められ，その回転をさらに高めるために，反対の足でしっかりと踏み切るということです。振り上げ足→踏み切り足という順序性を逆にすると，回転力は高まりません。上に足を蹴り上げるのではなく，回転する方向に足を蹴ることが大切です。体を倒さないと足を振り上げることができないので，「体の倒し」も大切です。

●練習方法

鉄棒遊びによる基礎感覚をつくります。

⑴ダンゴ虫（上体の締め）

10秒できたら，足を何回たたけるかチャレンジします。

⑵足抜き回り（後方への回転感覚）

⑶ふとんほし→上体を起こす感覚

ふとんほし→ふとんほしでブラブラ→ツバメ→上体を倒す→ふとんほし→上体を起こす→ツバメ

(4)片脚振り上げの後ろ回り（脚のリズム）

踏み切り，逆の足を振り上げ，両足を揃える，の三つの動きをスムーズに素早く行う練習です。

※右脚を最初に振り上げる場合
- 鉄棒を握るかっこうをします
- 左足を「トンッ」と下げます
- 右脚だけを振り上げます（「イチ」）
- 右脚に追いつくように左脚を振り上げ，両足のつま先を同時に床につけます（「ニ」）

(5)逆上がり練習器を使った練習方法

右のような練習器具が学校にありますが，これを使って回れるようになっても，いざそれを取り除くと逆上がりができない子どもがいます。それは，この器具の練習の仕方がよくわからず，ただやみくもに回っているからです。

最初は上の方を蹴って回ります。肩角が広がらず回転がしやすいからです。慣れてきたら徐々に下の方を蹴って上がれるようにします。

高さが高いところから，「高」「中」「低」と分けると，使う高さに応じて次のようなことを意識して行うことが大切です。

「高」…振り上げ足と踏み切り足の時間的ズレがあるか
「中」…振り上げ足が大きく使えているか
「低」…鉄棒が腰から離れていないか

(6)補助者による練習
①振り上げ足キャッチ

補助者は，振り上げ足側に立って，学習者が振り上げた「振り上げ足」をキャッチして，その足を回転する方向に回してあげます。

②腰による押し上げ

　また，子ども同士の場合には，お互いに腰をつけて，鉄棒から体が離れないようにして，補助をする方法があります。補助者は後ろが見えないので，急に腰を持ち上げるのではなく，逆上がりをする人の「もう少し上に」「そこでストップ」と言った指示にしたがって高さを調節していくとよいでしょう。

(7)タオルを使った逆上がり練習

　薄手のタオルを腰に回し，タオルの両端を握り棒にかけてタオルの上から握り棒を掴みます。こうすることで，体が握り棒から離れないようにして練習することができます。

●発展

・連続逆上がり
・両足踏み切りの逆上がり
・高鉄棒での逆上がり

7　後方支持回転 （逆上がり→かかえ込み後ろ回り→後方支持回転）

① ② ③ ④ ⑤ ⑥

●動きのポイント

(1)予備振動の技術（①～②）
最初の予備振動をしっかり行うことで回転軸の固定ができます。

(2)軸固定の技術（③）
両膝を胸に近づけ，体（骨盤辺り）が鉄棒から離れないようにします。

この軸固定ができれば，体が鉄棒から離れることはないので絶対に回転することができます。後方支持回転では非常に重要なのが軸固定の技術です。

(3)肩倒しの技術（③～④）
あごを締めて，肩を倒すことで加速することができます。

後方に倒れる後方支持回転は，どうしてもあごが上がってしまいやすいです。しかし，あごが上がると腕が伸びてしまい，体が鉄棒から離れてしまいます。ですから，この肩倒しを行うときに最も重要なのは，あごを締めて後方へ肩を倒すことです。

●練習

(1)脚の振り
脚を振って鉄棒から離れたところに着地する運動です。

(2)かかえ込み後ろ回り
これも腰を中心とした後方への回転運動のため，後方支持回転に近い動きになります。

2章　技の解説と指導のポイント　◆　95

●補助方法

　補助者は2人横に入ります。片手は学習者のももの裏を押さえてしっかりと回転軸を固定します。もう片方の手を肩にあて,肩で後方への回転力を生み出すことを覚えさせます。回転軸が固定できていれば,お腹が鉄棒から離れることはありませんから,学習者は安心して肩で後方回転を生み出す感覚をつかむことができます。

　こうした補助を繰り返すことで,後ろに倒れる恐怖心をなくすことができます。慣れてきたら,「イチ・ニー・サン」というリズムをつけて行います。最後は補助なしでできるようにしていきます。

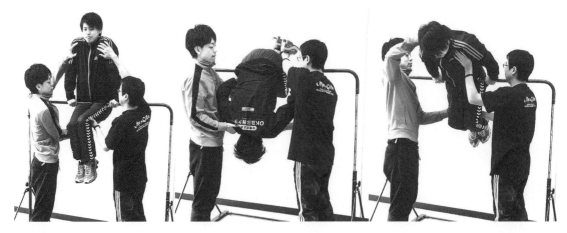

●発展技　後方伸膝支持回転

脚の振り戻しで十分に勢いをつけて行います。

8　後方片膝掛け回転（後方片膝掛け回転→後方もも掛け回転）

　動き始めはあごを上げて肘を伸ばして，できるだけ握り棒と頭との半径が大きくなるようにします。回転の途中は，伸ばした脚は握り棒に引きつけ，曲げている脚の膝裏を握り棒に巻き付け，腰を握り棒から遠くに保っておきます。回転の後半の腰を引き上げる時には腕を軽く曲げ，手首を返します。

●練習方法　補助付きの後方片膝掛け回転

●発展技　後方もも掛け回転

9　前方片膝掛け回転（膝掛け振り上がり→前方片膝掛け回転→前方もも掛け回転）

●動きのポイント　回転開始技術＝膝固定動作＋肩先行動作

⑴膝固定動作

　準備姿勢（A）では，バーがももにありますが，それからずらして（B），ひかがみ（膝の後ろのくぼんだ部分）のところにもってくるのは，支持能力が必要です。そこで，このポーズで止まるのではなく，ひかがみのところに移すと同時に体を前方に倒して（C）いきます。

A　　　　　B　　　　　C

(2) 肩先行動作

肩を先行させるには，腰を前に乗り出すようにして，頭を背屈させ，腕で支えるというよりは，腕が引っ張られて伸びて握りも指先だけが引っかかっているようにします。

> ※回転開始技術が正しく行われていれば，回転を意図的に止める回転制御技術も必要です。
> ・回転制御技術＝握り換えによる腕の支え＋胸の反り＋開脚度を大きくしてももに掛ける

回転開始の技術が正しく行われておらず，偶然に止まったというのではなく，この技術を使用しなくてはならないほど，回転開始の技術が有効に使われていることが理想です。

●発展

膝掛け上がり，逆手膝掛け支持から前方に回って振動して上がります。

10　前回り下り（前回り下り→前方支持回転→前方伸膝支持回転）

はじめは，回転の軸を意識させるためにゆっくり行うとよいでしょう。慣れてきて動きが雑になっている時には「回転から着地までは足を揃えてみよう」「音を立てないで着地してみよう」と声をかけ少しだけ難易度を上げてみましょう。

11　転向前下り

前方に出した脚と同じ側の手を逆手にし、後方の脚を前に抜きながら順手側の手を離して鉄棒の側方に着地します。

●練習方法

足を地面に接することができる低い跳び箱や平均台を使って、動き方を練習します。

12　片足踏み越し下り（片足踏み越し下り→横跳び越し下り）

片手を逆手にし、逆手と逆側の足を鉄棒へ乗せます。鉄棒にかけた足をしっかり固定し、お尻をあげて鉄棒を越します。軸となる手は着地まで鉄棒から離しません。

●練習方法

跳び箱を補助台にして高さに慣れながら練習をします。できるようになったら、少しずつ跳び箱を低くしていきます。

●発展技　横跳び越し下り

正面支持から脚を振り上げ，鉄棒を越して下ります。

13　両膝掛け倒立下り（両膝掛け倒立下り→両膝掛け振動下り）

●練習方法

片手ずつ離して手を着く練習から始めて，慣れてきたら両手を一気に離すようにします。

14　両膝掛け振動下り（こうもり振り下り）

●練習方法

(1) こうもり手着き下り
　床に手を着き，手で前に移動して，膝を離します。足裏で着地できるよう，膝をしっかり引きつけます。

(2) こうもり振り
　あご出しとあご引きにより，揺れを作り出し，少しずつ揺れを大きくしていきます。腰の力を抜くと揺れやすくなります。

(3) 膝離し
①手→足の順番に着地
　鉄棒より上半身が前にきたところで，手→足の順番に下ります。
②手足同時に着地
　体が一番高く上がった時に膝を離します。

15　いろいろな下り方

(1) 後ろ回り下り

(2) 支持後ろ跳び下り

跳び箱運動

1 跳び箱運動の種類

　跳び箱運動は開脚跳び，かかえ込み跳びのような切り返しを必要とする「切り返し跳びグループ」と台上前転や首はね跳びのような「回転跳びグループ」に分けることができます。

(1)切り返しグループ
　脚で踏み切って着手するまでの体の回転方向が着手後には逆方向に切り返されます。

(2)回転跳びグループ
　脚で踏み切った後，着地するまでが同じ方向に回転します。

学年	1・2学年	3・4学年		
			5・6学年	
段階	運動遊び	基本的な技	発展技	さらなる発展技
切り返し系	踏み越し跳び 支持で跳び乗り・跳び下り 支持でまたぎ乗り・跳び下り 馬跳び，タイヤ跳び	開脚跳び	かかえ込み跳び	屈身跳び
回転跳び		台上前転 首はね跳び	伸膝台上前転 頭はね跳び	前方屈腕倒立回転跳び

2 授業を行う前に

(1)跳び箱運動の「ここ」を観る

①二つのジャンプ
　両足のジャンプを手でもう一回ジャンプして着地に入るという二つのジャンプ（跳躍）があることが跳び箱運動の特徴の一つです。そのジャンプがどのようになっているか観察し，動きを改善することで，動きを高めていくことができます。

②六つの局面
　跳び箱運動では，「切り返し跳びグループ」「回転跳びグループ」のどちらとも次ページの図

で表したような六つの局面を通過します。助走は，踏み切りがうまくいくものでなくてはなりませんし，踏み切りは空中での前方回転ができるものでなくてはなりません。また，前方回転の度合いは着手で切り返ししやすい程度にし，着手は次の空中局面の大きさと安定した着地を保証するものでなくてはならないように，すべての局面につながりがあります。ですから，着地がうまくいかなかったとなれば，その前の段階である第二空中局面がどうだったかという見方が大切です。

前方左右軸回転　　　　　　後方左右軸回転

助走	踏み切り	第一空中局面	着手	第二空中局面	着地
	足	→	手	→	足
	第1跳躍		第2跳躍		

③前方左右軸回転・後方左右軸回転

　前方左右軸回転：左右軸を中心として，前に倒れるような回転
　後方左右軸回転：左右軸を中心として，後ろに倒れるような回転
　切り返し系のグループは，始めに前方左右軸回転をしてから着手した後，後方左右軸回転となります。
　踏み切りや着手によって，どのような回転が起こっているか観察することで技に対する理解が深まったり，修正を行ったりすることができます。

④踏み切りについて
○踏み切りの二つの局面
　単純に踏み切りと言っても，踏み込み局面と踏み切り局面に分かれており，踏み切り足の決定や踏み切り位置の決定という先取り能力が必要となります。これが，「足を合わせる」ことを難しくしている原因です。踏み切り板で止まってしまう子どもたちに対して「勇気を出して」というのではなく，踏み切りの何につまずいているか一緒に考えてあげたいものです。
　また，踏み込み局面における腕の動きは，踏み切り局面で腕をあげるための準備動作になっているので，踏み切りをするときの腕の動きも大切な観察ポイントとなります。

※どちらの足で踏み込めばいいの？
　左右どちらの足を踏み込み足にするのかは，個人で違いますが，一般的に走り幅跳びの踏み切り足，クラウチングスタートの前足，ボールを蹴る時の支え足，器械運動の技では倒立に振り上げる時の踏み切り足，側方倒立回転をする時の前足がこれに当たるようです。

○踏み切りの位置〜「切り返し跳びグループ」と「回転跳びグループ」の踏み切り板の位置〜
　体育科の授業の場合，いちいち踏み切り板を個人に合わせていては時間がなくなってしまうと考えたり，学校体育の技能のレベルではそんなに神経質になって踏み切り板を調整したりする必要はないという意見を聞くことがあります。しかし，技能レベルが低いからこそ，個人に合った位置を用意してあげることが大切であると考えます。

踏み切り板の距離
1　第1跳躍の距離　→（手前着手）
2　第1跳躍の距離　　　　　　　　　→（遠方着手）

　踏み切り位置と着手位置を決定するということは，第1跳躍の距離を決定するということです。「切り返し跳びグループ」のときは，踏み切り板を大きく離して第1跳躍の距離をとると踏み切り後に前方左右軸回転が引き起こされ，着手に負担がかかり，大きな第2跳躍が難しくなります。そこで，最初は踏み切り板は，比較的近くに置くことがすすめられます。「回転跳びグループ」は踏み切りの後に前方左右軸回転を大きくつくる必要があるので，踏み切り位置と着手位置が極端に近いとかえって難しくなってしまいます。跳び箱の高さにもよりますが，踏み切りから半回転して逆さの姿勢になるために十分な距離をとった方がよいでしょう。

○踏み切りの姿勢
　有効な踏み切りを行うためには，Aのように骨盤を後傾させるようにして腹筋を緊張させることが大切です。Bのように骨盤が前傾し出っ尻のようになっていると下半身でつくったエネルギーを体の移動に有効に使うことができません。Cのように上から跳び込むようにしてふりこむと膝が大きく曲がり，腰が沈んでしまったり，踏み切り足の裏全体が板上にべたっと着いたりしてしまうと鋭い踏み切りができなくなります。

A　　　　　　　　　　　B　　　　　　　　　　　C

⑤着手について
　跳び箱を障害として跳び越すだけなら，着手は「支え」の役割を果たせばいいのですが，第二空中局面において大きさと安定さを求める時には，大きな運動量を「受け止める」役割と「上方に跳ね上げる」役割の二つの視点から着手を見ることが大切です。
　また，自分の意識で曲げているのか，外側の力で耐えきれず曲がっているのかという視点で観察することも安全に行うために欠かせません。

⑥着地について
　安定した，よい着地と判断されるためには次の二つの機能が欠かせません。
○バランス機能
　空中の自分の体がどう動いているのかがわかり，着地を先取りして，バランスをとること
○緩衝機能
　着地に入った時に激しい衝撃を受けないように，鳥が木に止まるようにふわりと着地できること
　バランスをとるためには，目をしっかり開けて自分の体と地面と距離感を把握することが大切ですし，ふわりと着地するためには，足首，膝，腰等の関節を曲げながら衝動を吸収することが大切です。そのため，着地の時は，どこを見ているか，関節の曲げ伸ばしが効果的に行われているか，観察したり，問いかけたりすることが大切です。

(2)学習を進めていく上で覚えておくと便利な言葉
着手：踏み切りから跳び箱へ手を着く動作
突き放し：跳び箱から着地に向かうために跳び箱から手を放す動作

(3)用具の扱いについて
①ルールの提示
　跳び箱は運ぶ時にルールを示すことで，安全に準備できます。たとえば次のようなルールを提示してはいかがでしょうか。
・跳び箱は重い１段目を必ず別にして運び，残りを重ねて運ぶ。
・跳び箱を後ろ向きになって運んだ時につまずいたり，ぶつかったりすると危ないので向かい合う２人は必ず横向きになって移動する。
・跳び箱の高さを示す数字が書いてある側を助走する方向から見えるようにする。

②小学校で使う跳び箱について
　長さが80cmと100cmのものがあります。それぞれ高さも異なってきますので，その違いを理

解した上で運動を実施することが大切です。

長さ	高　さ				
	1段	2段	3段	4段	5段
80cm	30cm	40cm	50cm	60cm	70cm
100cm	35cm	50cm	65cm	80cm	90cm

(4)安全面について

　跳び箱運動では，両手の突き放しによって安全に自分の体をコントロールできる着手機能学習が中核になります。そこで112〜118ページにあるような運動ができるかどうか確認してから，実施することが大切です。

(5)指導の工夫

①踏み切りや着手の位置を示す

　跳び箱運動は，踏み切りや着手の位置が動きに大きな影響を与えます。チョークやテープで位置をはっきり示して行うことで，やりやすくなります。

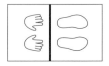

②一連の動きをオノマトペで表現し，イメージする

　以下のように勢いよく突き放したところや，大きく回転したいところをオノマトペで表現して，動きのリズムとポイントをイメージして行うとよいでしょう。そうすることで，踏み切りと着手が同時になってしまうといったつまずきをなくすことができます。

【例】
開脚跳び：サー（助走），タン（踏み切り），バン（着手），トン（着地）
台上前転：トン（踏み切り），パー（着手），クール（回転），リン（着地）

跳び箱を使った運動遊び

　遠くにまたぎ越したり，踏み越した後にいろいろな動作をしたりする運動遊びを通して，腕支持感覚，高さ感覚，跳感覚，リズム感覚，バランス感覚などの基礎感覚や「助走」「踏み切り」「跳躍」「着地」などの跳び箱運動に欠かせない基礎技能を身につけていきます。

1　またぎ越し

　片足で踏み切って，踏み切った方とは逆の足で着地します。いろいろなものを跳び越したり，空中姿勢や着地のポーズを変えたり，動きをそろえたりして楽しみます。

⑴マットに印をつけて①

　マットの上にガムテープを貼って線を引いたり，フラフープを置いたりして，目標をつくってそこに着地できるようにまたぎ越しをします。

① 　　　　　　　　②

⑵2人組で②

　2人組で同じリズムで進んでいきます。手をつないだり，声を出したりして動きがそろう楽しさを味わいながら行います。

⑶空中で〇〇，着地で〇〇，着地してから〇〇

　跳び上がって丸くなる，体を反らせる，脚を大きく前後に開く，拍手をできるだけ多くする，着地するまでにいろいろな動きを入れてから着地します。
　また，着地をピタッと決める，足を開いて着地する，着地してから前に跳ぶ，前転をする，半回転する等，着地の仕方や着地の後の動きを加えて楽しむことができます。

2 踏み越し

助走のスピードを落とさずに一気に踏み越します。
またぎ越しで行ったような,空中での動きや着地の仕方を工夫して楽しむことができます。

3 腕立て跳び上がり下り

　踏み切って,手を着いて,跳び箱の上に足で乗ることで,跳び箱に必要な足(踏み切り),手(着手),足(着地)の動きを行うことができます。

　うまくリズムがつかめない時は,うさぎ跳びを行ってみるとよいでしょう。踏み切りと同時に手を着くと,脚の力だけで跳び上がることがあります。踏み切り,体を投げだしてから(空中に浮いている時間をつくってから)手を着くようにしましょう。

(1)跳び上がり下り

　跳び箱に飛び乗ってジャンプして下ります。
　跳び箱の3分の1ぐらいのところに線を書き,はじめは,線の上につま先が乗るようにしま

す。そして，それができたら次には線の上につちふまず，そして線よりも前にかかとが着くように練習します。

4　ウルトラマン跳び

両足踏み切りでセーフティーマットに跳び込みます。

どこまで跳べるか指先の位置を競い合いながら体を投げ出す感覚を高めていきます。

自分の体を投げ出すことに楽しさを感じたり，体が水平になって跳ぶ感覚を味わったりすることは跳び箱運動につながっていきます。

3～6年の跳び箱運動

1 基礎感覚や能力の確認

　ここで，紹介する以下の運動は，安全に自分の体を支えたり，コントロールしたりできる，着手ができるための基礎的な感覚や能力があるかどうかを確認する運動です。

手押し車　　馬跳び　　うさぎ跳び

(1)手押し車

　腕でしっかり，自分の体を支えることができるか確認します。歩くことで，片手で自分の体を支えることができるか，ジャンプすることで，腕の突き放しができるか確認できます。回数や時間は子どもたちのレベルに合わせて行います。足首を持って支えることが難しい場合には，膝付近を持って支えてあげると負荷が軽くなります。

①歩く　　　　②走る　　　　③ジャンプ

(2)馬跳び

　2人1組になり，1人が馬になり，1人がそれを跳び越えます。ルールは工夫して，楽しく行えるようにするとよいでしょう。
①じゃんけんで負けた方が3回跳ぶ　②往復で跳ぶ　③着地の瞬間に半回転して，連続で跳ぶ

※馬の作り方
　次のような姿勢になることで，馬の高さを変えることができます。どの姿勢も頭をお腹の方へ曲げて跳ぶ人の脚がぶつからないようにします。
①低い馬　　肩幅に手と膝を着き，背中を平らにします。
②やや低い馬　①の姿勢から手を少し前に出して，肘と膝を伸ばします。
③やや高い馬　肩幅よりも足を広げ，膝を伸ばします。
　　　　　　　肘を伸ばして，足首をしっかりつかみます。

① ② ③

(3)うさぎ跳び

　しゃがんだ体勢から両手を振り出しながら両足で踏み切り，両手で体を支えて両足で着地するうさぎ跳びは，開脚跳びの踏み切りから着地までの体の使い方とよく似た動きが含まれています。そのため，跳び箱運動の基礎感覚を養うためにうさぎ跳びを行う場合，足・手・足の繰り返しのリズムと，足が着いた時には手が離れていることが大切です。

①壁に向かってのうさぎ跳び

　うさぎ跳びに必要な足→手→足のリズムを覚えるために壁に向かって立ち，ジャンプして壁に両手を着き，両足で着地します。
　慣れてきたら両手で壁を突き放し，跳び始めたところよりも遠くに着地するようにします。

2章　技の解説と指導のポイント　◆　113

②フラフープをおいて

　跳び越すためと着地するための目標物をおいて行います。できたら，フラフープとフラフープをより離したり，跳び越えるものを高くしたりして行います。

③うさぎマット越し跳び

　マットを腕で突き放して，マットの先へ着地します。着手地点より前方に着地するこの動きに慣れることで，肩が前に出る姿勢に慣れ，手で押す感覚をつかむことができるようになります。

④台上へのうさぎ跳び

　高いところに向かってうさぎ跳びをします。

2　基礎技能づくり

　ここでは，着地，着手，助走・踏み切りといった跳び箱運動で必要な基礎技能を確認したり高めたりする運動を紹介します。どんなに踏み切りがすばらしくても，着地ができなければ大ケガにつながってしまいます。そこで，着地，着手，踏み切りという実際の動きとは逆の順番で解説します。

●着地の技能

(1)平らな場所で

　フラフープの円の中に立ち，できるだけ高くジャンプした後，次のことができるか確認します。
①音を立てないで着地
②頭上で手を1回たたいて着地
③頭上で手を2回たたいて着地
④足裏を1回たたいて着地
⑤半回転をして着地
⑥かかえ込みのポーズをとり，膝の下で手をたたいて着地
⑦フラフープから1m離れて立ち，フラフープの中に着地

　次のチェックポイントができているか確認しながら行います。
　・足首や膝を曲げて衝撃を吸収して音を立てずに着地できているか
　・着地後にフラフープから出たり，足を踏み換えたりしていないか
　ジャンプしてから，着地までにいろいろな動作をいれることで，足と床までの距離を感じてその距離に合わせて関節を曲げ，柔らかく着地できるようしていきます。また⑦は，前方への移動に対してうまくブレーキをかけて着地できるか確認するための運動です。

(2)高さのあるところから

　平地でできるようになったら，次は負荷をかけるために3段積み重ねた跳び箱の上から①～⑦までの動作を行います。着地前に一度体を伸ばすことがポイントです。

(3)オリジナルの下り方で

　①～⑦までできたら，①と④を組み合わせたり，自分のオリジナルの下り方を試したりしながら楽しく着地の基礎技能を高めていきましょう。

●着手の技能づくり

　日常の生活では，全くと言ってよいほど出てこない「手によるジャンプ」の動きを高めていきます。

(1)壁に向かっての体のはね返し

　壁に向かって立ち，前に倒れて壁に手を着き，跳ね返して元の姿勢に戻ります。

　指先のスナップをきかせることと，手を着いた時に腕の曲げ伸ばしを効果的に使って壁を跳ね返します。

①できるだけ壁から離れたところでできるようにします。
②ジャンプして手で壁を突き放して，元の場所にもどります。
③ジャンプして手で壁を突き放して跳び始めたところよりも壁から
　遠いところに着地します。

(2)腕立て支持臥せでの体のはね返し
①両手を同時に離して前後左右に移動します。
②反動をとって両手を1回たたいて元のポーズに戻ります。
③②と同様にして2回手をたたきます。
④腰の反動をとって両手両足同時にジャンプします。
⑤腰の反動をとって両手両足同時にジャンプして前に進みます。
　※3回連続でどのくらい進めるかという楽しみ方もできます。

(3)手押し車での体のはね返し
①ふくらはぎを抱えてもらい，5回連続前に跳びます。
②足首を抱えてもらい，5回連続前に跳びます。
　大切なことは，床から跳び上がった時に，手を体側に振り上げるようにしてから着手することです。

●助走・踏み切りの技能づくり

(1)ケンパー跳び

　ケンパー跳びは，片脚で跳ぶ「ケン」と両足を少し開いて着地する「パー」を組み合わせた運動です。このケンパー跳びは跳び箱運動の助走から踏み切りへの感覚づくりができる運動です。

(2)前方へ高いジャンプ

　踏み切り板の上でジャンプを3回連続してから，前方へ高く跳びだします。
　勢いよく振り上げた腕を急に止めることにより，ジャンプが高くなることを感じる練習です。膝を曲げてジャンプするのではなく，素早く屈伸運動が踏み切りの瞬間に行われていることを意識しながら行います。

(3) ジャンプして壁を突き放す

踏み込みから両足で高くジャンプし,壁を突き放して下ります。

脚を前後に開いた姿勢で踏み込みに入り,両足で踏み切ります。②〜③で膝を軽く曲げておき,一気に④で膝を伸ばします。また,④の時に腕が前に出るようにします。

① ② ③ ④ ⑥ ⑤

3 開脚跳び

●これまでの誤った常識

「高い跳び箱を跳べるほど点数が高い」は誤りです。

跳び箱を指導する人の多くが,1段の跳び箱が最も簡単で,高い跳び箱の方が難しいと思い込んでいます。しかし,着地をする空間がなければ,立つことができないので,踏み切りと着手ができている人にとっては,むしろ1段の方が難しいと言えます。

開脚跳びでは,腰の高さを目安とした跳び箱が跳べたら,高さを高くするより,その高さでより美しく,または大きく跳ぶことを目標にしましょう。

●練習方法

(1)ミニ開脚跳び

　縦長の跳び箱は奥行きがあるために跳ぶことに抵抗を感じている人もいます。そこで，奥行きのないものを跳んでみます。

・タイヤ跳び

　土の中に半分程埋まったタイヤを跳び越します。

・ポートボール用の台

・ビールケース

　ビールケースを二つ重ねてガムテープでしっかり留めて作ります。上にはタイルカーペットのようなものを張るとミニ跳び箱のような感じになります。

(2)段階指導法

　開脚跳びでうまく跳び箱を跳び越せない子どもへの段階指導法です。

段階指導法①

　写真のように，跳び箱の上に座り，腕を勢いよく振りおろして着手し，自分の体重を手で支えて（感じながら），着地します。

　自分の体重を手で感じること，自分の手で体重移動をする感覚をつかむことがねらいです。

段階指導法②

跳び箱を2台合わせ，前の跳び箱から踏み切って開脚跳びをして着地します。

このように2台の跳び箱を合わせることによって，跳び箱の高さは0段と同じことになります。さらに，高さは4段分あるので，着地をする空間は大きくなり，時間的余裕が生まれます。

段階指導法①では，座った状態からスタートしましたが，段階指導法②ではしゃがんだ状態からスタートします。頭の位置が高くなること，上体が水平になることから，抵抗を感じるかもしれませんが，しっかりと手を着き，段階指導法①と同様に，自分の手で体重移動する感覚をつかむことが大切です。

段階指導法③

後ろの跳び箱にしゃがみ立ちし，そこから踏み切り，着手し，着地をします。

今までと同様に，腕で自分の体重を支える感じをつかむことが大切です。

段階指導法④

手前にある跳び箱を1段下げて，その上から跳びます。

跳び箱の高さは，0.5段で着地のための空間は4段分となります。

段階指導法⑤

手前の跳び箱を2段にします。

段階指導法⑥

手前の跳び箱を1段にします。

段階指導法⑦
　手前の跳び箱を取り，ロイター板を入れて，跳び箱の高さを3段にします。

段階指導法⑧
　最後に，4段の跳び箱で着地をピタッと決められるように跳びます。

●補助方法

　上腕部をつかんで，ももを前に押します。または，踏み切ってすぐに，補助者の進行方向にある手で跳ぶ人の肘の内側を，逆の手で腕の裏側を持って押し出しながら着地のところまで連れて行ってあげるようにする方法もあります。跳ぶ人は，最初から補助に頼るのではなく，跳び箱を強く突き放すイメージをもって行うことが大切です。

●発展技　大きな開脚跳び

(1)踏み切りを離した開脚跳び

　跳び箱から50～60cm踏み切り板を離します。両足で強く踏み切ります。

4 かかえ込み跳び

●つまずきやすいポイント

(1)手が放せない
前のめりになるのが怖いために腕の突き放しができないことが考えられます。

(2)跳び箱の上に正座してしまう
踏み切りが弱いことや腰が高く上がらないことが原因として考えられます。

(3)片手を離してしまう
足をひきつけられなかったり，前のめりになるのがこわかったりして両腕に均等に体重をかけられないことが考えられます。

(4)強く前のめりになる
踏み切りで腰が高くあがりすぎたこと，跳んだ後の上体の起こしができなかったこと，目線が下を向いたままだったこと等が考えられます。踏み切りの位置を少し遠くしたり，目線を上げたりすることですぐに改善することがあります。

●練習方法

(1)うさぎ跳び（床上での閉脚跳び）
うさぎ跳びは両足で蹴って前方に踏み込み，両手を着いて体を起こし，再び両足上に立つ運動です。このとき必ず　足　→　手　→　足　という具合に，交互に床に接していなければなりません。これは「手足の交互性」といわれるものです。閉脚跳びでも開脚跳びでも跳び箱の切り返し系の技は，必ずこの交互性がないと安全に跳び箱を跳び越すことはできません。たとえば，足　→　手足同時　→　足，あるいは　足　→　手　→　頭　ではとても危険なこ

とになってしまいます。両足で蹴って前方に踏み込む際に，はじめは腰の位置をあまり高く上げないようにすれば，比較的容易に「手足の交互性」のあるリズミカルなうさぎ跳びを身につけることができます。よく見ていただくと「手足の交互性」がはっきりと見られるうさぎ跳びは，床上での閉脚跳びだということがおわかりになると思います。逆にいうと，この段階で「手足の交互性」の見られないうさぎ跳びしかできない場合には，決して次の段階の練習に進ませるべきではありません。

(2)低い台への跳び上がり

うさぎ跳びの要領で低い台へ（1段）へ跳び上がります。以下のように少しずつ足を前に着けるようにしていきます。
①跳び上がる
②手を着いた位置に足を着ける
③手の着いた位置よりも前に足を着ける

(3)跳び上がり下り

縦に置いた跳び箱の真ん中に線を引き，その手前に手を着く場所をチョークで描いておきます。

上がり：軽く走って踏み切り板を踏み，両手を手を着く場所に着いて体を起こし，跳び箱の上に乗ります。両足が跳び箱の上に乗ったときには，両手はすでに離れており，安全にかかえ込み立ちしていなければなりません。

下り：跳び箱を両足で蹴って跳び上がり，マットの上に柔らかく着地します。このとき，体操選手のように安全に柔らかくピタリと着地することを目指させてください。

(4) 跳び上がり下りの発展（手より前に乗ってジャンプ）
　慣れてきたら，手を着いた位置よりも前に立てるように練習を繰り返します。手前に手を着いて，跳び箱の真ん中に引いた線よりも前に安全に立てるということは，横置きにした跳び箱をすでに跳び越えられる力が身についているということを気づかせていただきたいと思います。

(5) 横向きの跳び箱で補助をしてのかかえ込み跳び
　以下の三つの補助ポイントが行えるように，補助者の内側の腰が着手位置と同じラインにあるぐらい近く立ちます。
　補助のポイントは，以下の3点です。
　①相手の上腕を掴む　②反対の手で相手のももを支える　③学習者と共に移動する
　補助者は，学習者と一緒に移動しないと，学習者は前に進む動きを無理矢理止められてしまい，けがにつながってしまいます。補助がきちんとできていれば，たとえ頭から落ちたとしても，安全性を確保することができます。

●発展

(1)跳び越した後に体を伸ばす

　低く踏み切り，手を着くと同時に体を縮め，斜め前方向に跳びます。そして，空中で素早く体を伸ばします。

5　台上前転

●練習方法

(1)〇〇から前転
①かえるの足打ちから前転

　かえるの足打ちを2回してから前転をします。この運動では，腰を高く上げた後に前転をすることがねらいです。

②うさぎ跳びから前転

　うさぎ跳びをして空中に浮く感じをつかんで前転をすることがねらいです。
　うさぎ跳びをして，両手でしっかり体重を支えてから腕を曲げて頭を入れて前転します。

⑵ミルフィーユ台上前転

　マットの重なりがミルフィーユに似ているのでそう呼んでいます。マットは幅があるため，床に落下する心配がありません。また，マットに跳び箱の幅と同じガムテープを貼ってまっすぐに転がることを意識して行うと効果的です。
①マット1枚の上で前転（幅60cmのラインを引いてその中で前転）
②マットを3枚重ねた上で前転
③マットを5枚重ねた上で前転

⑶跳び箱の組み合わせによる台上前転
①跳び箱1段を2台組み合わせた上で台上前転
②跳び箱1段と3段を組み合わせた上で台上前転

　1段のところに立ち，3段の跳び箱の上で台上前転をします。「トン・トン・トーン」と3拍子で踏み切ると行いやすいです。

⑷跳び箱3段～4段の上で台上前転
　跳び箱の高さに合わせて助走のスピードをコントロールします。両足で着地をピタッと止めるようにします。

● 補助方法

　2人でお腹と背中を押さえ補助者と学習者のタイミングを合わせ，腰を持ち上げます。最後まで手を離さないようにします。

●発展技　伸膝台上前転

　手を着いたときから，腰角度を大きく開き，膝を伸ばします。伸膝台上前転で，膝を伸ばすと回転速度が早くなる感じや，つま先が高い所を回っている感じをつかんでおくと，それがはね跳びに生きてきます。

6　首はね跳び

●つまずきやすいポイント

(1) はねができない，または，はねのタイミングが遅い

　はねる感じをつかめていない場合には，Kippeの練習（次ページの練習方法参照）を行います。腰を高く上げて膝を伸ばすようにしてはねます。また，はねができない原因の一つとして，手で押すタイミングが遅いことがあります。首が台の上に乗ったらすぐに押し始めるようにします。

(2) 跳び箱に腰を打ってしまう

　着手の位置が手前過ぎるとはねた後に跳び箱の角に腰や背中をぶつけてしまうので危険です。

跳び箱にチョークやテープで印をつけておきましょう。

●練習方法

(1) Kippe（キッペ）

　この練習によって足を最後に蹴り伸ばす感覚をつかむことができます。「Kippe」とはドイツ語です。縮んでいるものを伸ばすという意味があります。ここでは，縮めた体を開き，伸ばすという首はね跳びに欠かすことのできない体の使い方ができるようにします。

① Level 1　補助による Kippe

　2人の補助者は両手で手と手首を握り，離れないように持ちます。寝ている人は，斜め45度の角度に足を蹴り，そのタイミングに合わせて，補助者は学習者を上に引き上げます。

② Level 2　転がりながら Kippe

　転がって足を蹴り出す感覚をつかむことができます。前転がりをするイメージでスタートし，斜め45度の方向に蹴り出します。補助者は，転がってくる学習者の腕をキャッチし，Level 1 と同様に体を引き上げる手助けをします。

③ Level 3　補助による跳ね起き

　この練習では脚で蹴り，腕で押す感覚をつかむことができます。

　写真のような姿勢をとった後，腕を伸ばしながら脚を斜め45度の方向に蹴り出し，立ち上がります。

⑵「への字」前転で2連結の跳び箱（または体育館のステージ）から下りる

　膝を伸ばした「への字」姿勢になり，ゆっくり回って着地します。下りるときに怖がって目をつぶってしまう場合がありますが，目を開いて，自分の体の位置，スピードを感じながら安全に下りることが大切です。

⑶2連結の跳び箱からの首はね下り

　同じ高さできるようになったら，手前の跳び箱の高さを少しずつ低くしていきます（5段→4段→3段→2段→1段）

2章　技の解説と指導のポイント　◆　129

●補助方法

　補助者は，体を跳び箱に近づけて補助します。
　台上前転が始まったら，素早く腰と腕をキャッチ（写真の左側の人は右手が，右側の人は左手が腰にきます）したまま体を支え，最後まで手を離さずに補助をします。

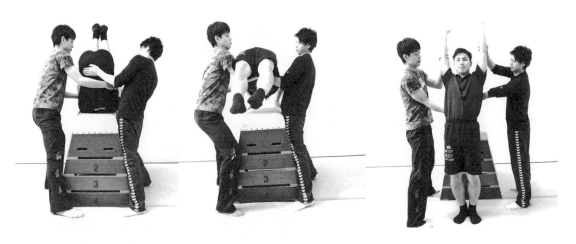

7　頭はね跳び

※首はね跳びと頭はね跳びの違い

	頭と手の着き方は	背中を跳び箱に	足を振り出すタイミング
首はね跳び	跳び箱に両手を着いてから後頭部と背中の一部を着ける	着ける	腰が頭よりも前に動いてから脚を振り出す
頭はね跳び	跳び箱に両手と前頭部（額）と同時に着ける	着けない	腰が頭の真上に動いたら脚を振り出す

●つまずきやすいポイント

(1)着地したときに後ろに倒れてしまう
　肘が曲がったままの場合，突き放しが不十分であることが考えられます。そんなときは，体育館のステージから突き放しを意識して頭はね跳び下りを行うとよいでしょう。

(2)回っていく方向を見ることで頭が起きてしまう
　あごを上げ，背中を反るように練習します。

(3)跳び箱に背中をぶつけてしまう
　はねの方向が上過ぎたり，腰を伸ばす感じがつかめていなかったりすることが考えられますので，ぶつける前に，次から述べる練習をしたり，手の着く位置を手前にするようにしましょう。

●練習方法

(1)ゆりかごからブリッジの姿勢になる

(2)頭支持倒立からブリッジになる
　床を見つめ，あごを上げることが，体を反らせるために大切です。
　前頭部を着け，腰を高く上げながら，脚を振り出し，両腕で強く突き放します。

(3)2連結の跳び箱での頭はね跳び
　跳び箱にマットを重ねておくと頭での支持がやりやすくなります。少しずつ手前の跳び箱の段数を減らしていきます。

●補助方法

背中を下から持ち上げます。手にかかる重さの変化を学習者に伝えることで動きの高まりを実感させてください。

●発展技　前方屈腕倒立回転跳び

頭はね跳びよりも踏み切りを強め，頭を少し浮かせて跳ぶようにします。

【著者紹介】
白石　豊（しらいし　ゆたか）
福島大学名誉教授。朝日大学保健医療学部教授。1982年に福島大学教育学部保健体育科に赴任して以来，2016年度まで35年間にわたって教員養成のための授業を担当した。大学，大学院時代に金子明友教授（現筑波大学名誉教授）からスポーツ運動学的視点に立った器械運動の指導法を学び，大学での授業ばかりでなく，全国各地で行われる教員研修会でもその教えを広め続けてきた。またメンタルコーチとしても，30年以上にわたって数多くのトップアスリートを指導し，大きな成果を挙げ続けている。

吉田　貴史（よしだ　たかし）
1994年から福島大学の白石豊教授に師事し，器械運動や運動学を学ぶ。2000年より福島県の小学校の教員となり，2010年から福島大学附属小学校に勤務。2014年には，福島県の体力向上の取り組みとして全県下で体育科の授業のはじめに行う運動身体づくりプログラムの作成に関わる。2016年には，附属小学校の主幹教諭となり，全国学校体育研究大会福島大会では会場運営責任者兼授業者として授業を公開した。2017年から教頭として福島市立庭塚小学校に赴任した後も，飛び込み授業や授業研究会にて指導助言を行いながら授業改革に取り組んでいる。

体育科授業サポートBOOKS
技の指導のコツがすべてわかる！
器械運動完ペキ指導ガイド

| 2018年4月初版第1刷刊 | ©著　者 | 白　石　　　豊 |
| 2021年4月初版第3刷刊 | | 吉　田　貴　史 |

発行者　藤　原　光　政
発行所　明治図書出版株式会社
　　　　http://www.meijitosho.co.jp
（企画）茅野　現　（校正）嵯峨裕子・宮森由紀子
〒114-0023　東京都北区滝野川7-46-1
振替00160-5-151318　電話03(5907)6701
ご注文窓口　電話03(5907)6668

＊検印省略　　　　組版所　藤原印刷株式会社

本書の無断コピーは，著作権・出版権にふれます。ご注意ください。

Printed in Japan　　　　ISBN978-4-18-263023-1

もれなくクーポンがもらえる！読者アンケートはこちらから　→

小学校 新学習指導要領の展開シリーズ

平成29年版

ラインナップ

総則編	無藤　隆 編著	【3277】
国語編	水戸部修治・吉田裕久 編著	【3278】
社会編	北　俊夫・加藤寿朗 編著	【3279】
算数編	齊藤一弥 編著	【3280】
理科編	塚田昭一・八嶋真理子・田村正弘 編著	【3281】
生活編	田村　学 編著	【3282】
音楽編	宮﨑新悟・志民一成 編著	【3283】
図画工作編	阿部宏行・三根和浪 編著	【3284】
家庭編	長澤由喜子 編著	【3285】
体育編	白旗和也 編著	【3286】
外国語編	吉田研作 編著	【3287】
特別の教科 道徳編	永田繁雄 編著	【2711】
外国語活動編	吉田研作 編著	【3288】
総合的な学習編	田村　学 編著	【3289】
特別活動編	杉田　洋 編著	【3290】
特別支援教育編	宮﨑英憲 監修　山中ともえ 編著	【3291】

A5判
160～208ページ
各1,800円＋税
※特別の教科道徳編のみ 1,900円＋税

大改訂の学習指導要領を
こどもと広く，深く徹底解説

資質・能力に基づき改編
された内容の解説から
新しい授業プランまで

明治図書
携帯・スマートフォンからは **明治図書ONLINE** へ　書籍の検索，注文ができます。
http://www.meijitosho.co.jp　＊併記4桁の図書番号でHP，携帯での検索・注文が簡単にできます。
〒114-0023　東京都北区滝野川7-46-1　ご注文窓口　TEL 03-5907-6668　FAX 050-3156-2790

スペシャリスト直伝！
小学校体育科授業成功の極意

「できた！」を引き出す体育授業ここにあり！

木下光正 著

図書番号　1360／A5判128頁／1960円＋税

子どもたちの「できない」を見逃していませんか？筑波大学附属小・体育専科を２０年務めた著者が、子どもの「できた！」を引き出す極意を大公開！パッとわかる場づくり、やる気を引き出す指導技術、達成感ある授業プラン等授業力をアップさせたい先生必読の１冊。

体育科授業サポートBOOKS　○×マンガでわかる！
体育授業が必ずうまくいくマネジメント術

わかるとできるをつなぐ体育授業マネジメント術！

小林治雄 著

図書番号　2160／A5判128頁／1700円＋税

体育のグルーピングってどうやればいいの？子どもを集中させる話し方とは？　本書では授業の始め方から学び合いのテクニックまで、わかるとできるをつなぐ体育授業のマネジメント術をマンガで楽しく解説しました。この１冊で明日からの授業が変わります！

明治図書　携帯・スマートフォンからは **明治図書ONLINE** へ　書籍の検索、注文ができます。▶▶▶

http://www.meijitosho.co.jp　＊併記4桁の図書番号（英数字）でHP、携帯での検索・注文が簡単に行えます。

〒114－0023　東京都北区滝野川7－46－1　ご注文窓口　TEL 03－5907－6668　FAX 050－3156－2790

小学校学年別

365日の学級経営・授業づくり大事典

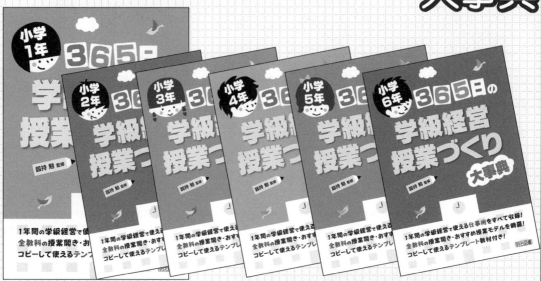

6巻シリーズ

釼持 勉 監修

1年・1801　4年・1804
2年・1802　5年・1805
3年・1803　6年・1806

B5判・各2,800円+税

必ず成功する！

- 1章　学級開きのポイント
- 2章　授業開きのポイント
- 3章　月別学級経営のポイント
- 4章　教科別学習指導のポイント

小学校学級担任の仕事のすべてが分かる！

学級開きから修了式まで、学級経営に関する全仕事を網羅しました。また、授業開きのポイントや各教科のおすすめ授業など、授業づくりのアイデアも盛りだくさん！巻末にはコピーしてすぐ使えるテンプレート教材集も収録。365日手放せない1冊です！

明治図書　携帯・スマートフォンからは **明治図書ONLINEへ**　書籍の検索、注文ができます。▶▶▶

http://www.meijitosho.co.jp　＊併記4桁の図書番号（英数字）でHP、携帯での検索・注文が簡単に行えます。

〒114-0023　東京都北区滝野川7-46-1　ご注文窓口　TEL 03-5907-6668　FAX 050-3156-2790